Vanessa Barbé

L'essentiel *du* Droit des libertés fondamentales

8e édition
2017 2018

Gualino
une marque de Lextenso

LES CARRÉS

Cette collection de livres présente de manière synthétique, rigoureuse et pratique l'ensemble des connaissances que l'étudiant doit posséder sur le sujet traité. Elle couvre :
- le Droit et la Science Politique ;
- les Sciences économiques ;
- les Sciences de gestion ;
- les concours de la Fonction publique.

Vanessa Barbé est Maître de conférences HDR à l'Université d'Orléans.

Du même auteur, chez le même éditeur

Collection « Carrés Rouge »

– *L'essentiel du Droit fiscal français*, 4e éd. 2017 (e-book uniquement).
– *L'essentiel du Droit des libertés fondamentales*, 8e éd. 2017-2018.

Collection « Exos LMD »

– *Droit des libertés fondamentales*, 3e éd. 2016-2017 (en collaboration avec F.-X. Millet).

70, rue du Gouverneur Général Éboué
92131 Issy-les-Moulineaux cedex
ISBN 978 - 2 - 297 - 06351 - 7
ISSN 1288-8206

PRÉSENTATION

L'essentiel des connaissances nécessaires à la compréhension du ***droit des libertés fondamentales*** est exposé dans cet ouvrage, de façon claire, rigoureuse et synthétique.

Il se décompose en trois parties principales :

- ***les sources des libertés fondamentales*** : elle présente les sources historiques et juridiques des libertés fondamentales ;
- ***les garanties des libertés fondamentales*** : elle décrit les garanties juridictionnelles nationales et internationales des libertés fondamentales, ainsi que les limites générales de ces libertés ;
- ***l'étude matérielle des libertés*** : elle introduit les grandes lignes du régime des principales libertés fondamentales.

Cet ouvrage s'adresse aux étudiants des Universités de droit, aux étudiants des Instituts d'études politiques, aux candidats à l'examen d'entrée au Centre de formation des avocats.

SOMMAIRE

SOMMAIRE

PARTIE 1
Les sources des libertés fondamentales

SOMMAIRE

SOMMAIRE

Définitions

De nombreuses expressions peuvent être rencontrées : droits de l'homme, libertés publiques, libertés fondamentales, mais elles n'ont pas la même signification. Il ne s'agit pas d'une précision d'importance seulement terminologique : à chaque notion correspond un régime juridique spécifique. Ces termes ne sont donc pas interchangeables.

1 Libertés publiques et droits de l'homme

■ *La notion de libertés publiques*

Historiquement, la liberté est la première revendication de l'homme. L'être libre se détermine par sa propre volonté et pour des raisons et des motifs qu'il choisit, indépendamment de toute contrainte extérieure. Pour René Capitant, « *la liberté d'un être, c'est l'autodétermination de cet être* ». Dans une deuxième acception, être libre, c'est avoir le pouvoir d'accomplir un acte, ou le droit de l'accomplir.

Les libertés sont dites « publiques » lorsqu'elles représentent une faculté d'agir et une sphère d'autonomie opposables à la puissance publique, ce qui met en relief leur dimension verticale (opposables du « bas » – l'individu, vers le « haut » – l'État). Les libertés publiques en France sont caractérisées par le rôle central de la loi, qui est seule compétente pour déterminer les conditions d'exercice de la liberté en en fixant exclusivement les limites. Ainsi, les libertés publiques sont instituées par la loi formelle. Elles permettent un contrôle des seules normes infra-législatives. Sous la IIIe République, par exemple, de nombreuses libertés sont protégées par la loi (la loi du 29 juillet 1881 sur la liberté de la presse ou la loi du 1er juillet 1901 sur la liberté d'association).

Les droits de l'homme

Les droits de l'homme sont ceux dont bénéficie l'individu en tant qu'être humain, ils sont intrinsèques à la nature humaine. Ils relèvent d'une conception philosophique, politique et morale inspirée par la doctrine individualiste et libérale. Ils sont notamment proclamés dans la Déclaration des droits de l'homme et du citoyen de 1789 ou la Déclaration universelle des droits de l'homme adoptée dans le cadre de l'Organisation des Nations unies en 1948.

Les régimes juridiques des libertés publiques et des droits de l'homme ne semblent pas suffisants aujourd'hui, car ils ne permettent pas d'opposer les droits et libertés au législateur. C'est pourquoi les libertés fondamentales bénéficient d'un régime juridique plus protecteur.

2 Les libertés fondamentales

Notion

Les libertés fondamentales sont les libertés protégées par des textes constitutionnels ou internationaux dont la valeur est supérieure à celle de la loi dans la hiérarchie des normes. Elles sont ainsi opposables au pouvoir législatif.

La notion de droits fondamentaux quant à elle peut être utilisée de manière alternative, car toute liberté est accompagnée du droit d'exercer cette liberté (par exemple, à la liberté d'expression correspond le droit de s'exprimer).

Historique de l'apparition de la notion de libertés et droits fondamentaux

L'expression « droits fondamentaux » est apparue pour la première fois dans la Constitution allemande du 28 mars 1849 (section VI), puis fait l'objet de la seconde partie de la Constitution de Weimar du 11 août 1919. Elle tient une place prioritaire dans la Loi fondamentale du 23 mai 1949, qui consacre ses 19 premiers articles à ces droits.

a) Les libertés et droits fondamentaux en France

En France, les Constitutions n'utilisent pas la terminologie « droits fondamentaux », mais évoquent les libertés publiques (Const. 4 octobre 1958, art. 34), ou plus récemment, « *les droits et libertés que la Constitution garantit* » (Const. 4 octobre 1958, art. 61-1, issu de la révision constitutionnelle du 23 juillet 2008). Le Préambule de la Constitution se réfère aux droits de l'homme, contenus dans la Déclaration de 1789, aux « *principes fondamentaux reconnus par les lois de la*

République » (PFRLR), et aux « *principes particulièrement nécessaires à notre temps* », par renvoi au Préambule de la Constitution du 27 octobre 1946.

De même, le juge constitutionnel emploie rarement l'expression « droit ou liberté fondamentale ». L'une des décisions qui l'illustre est celle du 22 janvier 1990, décision n° 89-269 DC, loi portant diverses dispositions relatives à la sécurité sociale et à la santé, qui évoque « *les libertés et droits fondamentaux de valeur constitutionnelle* ». Cette expression est notamment explicitée dans la décision n° 93-325 DC du 13 août 1993 sur la maîtrise de l'immigration, dans laquelle le Conseil cite expressément un certain nombre de ces libertés et droits fondamentaux.

Dans les autres cas, le Conseil constitutionnel préfère employer les expressions : « *droits et libertés constitutionnellement garantis* » (*décision n° 85-198 DC du 13 décembre 1985 sur la communication audiovisuelle*), ou « *droit ou liberté garantis par la Constitution* » *(décision n° 2012-249 QPC du 16 mai 2012, Société Cryo-Save France [Prélèvement de cellules du sang de cordon ou placentaire ou de cellules du cordon ou du placenta])*.

b) Les libertés et droits fondamentaux en droit international

Au niveau international, les droits fondamentaux sont plus prépondérants dans le langage juridique, que ce soit dans la Déclaration universelle des droits de l'homme du 10 décembre 1948 (qui évoque les droits fondamentaux de l'homme dans son Préambule) ou dans le Pacte international relatif aux droits civils et politiques du 16 décembre 1966 (art. 5). Ce n'est pourtant que lorsqu'un système de garantie est organisé pour protéger les droits que l'on peut parler de droits fondamentaux. C'est notamment le cas dans le cadre du Conseil de l'Europe.

Enfin, la Charte des droits fondamentaux de l'Union européenne du 7 décembre 2000 tient compte de cette terminologie, mais elle n'est devenue impérative qu'à compter de l'entrée en vigueur du Traité de Lisbonne, le 1er décembre 2009. C'est la Cour de justice des Communautés européennes (dorénavant Cour de justice de l'Union européenne) qui a initié cet intérêt de l'Europe pour les droits fondamentaux : dans son arrêt du 17 décembre 1970, *Internationale Handelsgesellschaft*, la Cour estime ainsi que le respect des droits fondamentaux fait partie intégrante des principes généraux du droit dont elle assure le respect et que la sauvegarde de ces droits, tout en s'inspirant des traditions constitutionnelles communes aux États membres, doit être assurée dans le cadre de la structure et des objectifs de la Communauté.

Le Traité de Maastricht consacre cette évolution (art. F § 2), après la déclaration des droits et des libertés fondamentaux approuvée le 12 avril 1989 par le Parlement européen, qui précise les principes élémentaires d'une communauté de droit respectueuse de la dignité humaine et des droits fondamentaux.

Notion de fondamentalité

Les bouleversements terminologiques sont issus d'une révolution juridique, qui affecte la protection des droits. En effet, le terme « fondamental » n'est pas anodin, et désigne ce qui est à la base d'un système.

a) Fondamentalité formelle

La notion de ***fondamentalité*** peut être entendue dans un sens ***formel***. C'est la place des droits dans une norme de valeur supérieure (Constitution ou texte international) ainsi que le mécanisme de garantie dont ils bénéficient, qui différencient les droits fondamentaux au sens formel des libertés publiques.

La fondamentalité dans ce sens est caractérisée par un mécanisme renforcé de protection, ou exorbitant du droit commun. Ceci implique une certaine permanence du système des droits fondamentaux, qui n'est pas variable en fonction des gouvernements. Il est en effet plus difficile de réviser la Constitution ou de revenir sur un traité que de modifier la loi. Cette différence de statut découle de la place des droits dans la hiérarchie des normes. Ainsi, la fondamentalité est liée à la constitutionnalisation et à l'internationalisation des droits.

Une question sous-jacente doit être soulevée : peut-on rattacher les droits fondamentaux à une norme « supra-constitutionnelle » ? La thèse de la supra-constitutionnalité ne peut être admise, car elle revendique l'existence de normes au-dessus de la Constitution formelle. En revanche, il est possible de hiérarchiser les normes au sein même de la Constitution.

Toutefois, cette question n'est pas résolue de la même façon par les juges constitutionnels français et allemand :

- en Allemagne, certains droits fondamentaux ne peuvent pas être modifiés par une révision constitutionnelle. Il s'agit des principes des articles 1er et 20 de la Loi fondamentale (sur la dignité humaine et le respect des droits fondamentaux par la puissance publique). La Cour constitutionnelle fédérale veille à la concrétisation de cette exigence, car elle est chargée du contrôle des lois constitutionnelles. Par exemple, la Cour de Karlsruhe vérifie la conformité à la Loi fondamentale de la loi constitutionnelle autorisant les écoutes téléphoniques ou de la révision constitutionnelle sur le droit d'asile ;
- elle va donc bien au-delà de ce que s'autorise le Conseil constitutionnel, qui estime que « le pouvoir constituant est souverain [et] qu'il lui est loisible d'abroger, de modifier ou de compléter des dispositions de valeur constitutionnelle dans la forme qu'il estime appropriée ». Aussi, « rien ne s'oppose à ce qu'il introduise dans le texte de la Constitution des dispositions nouvelles qui, dans le cas qu'elles visent, dérogent à une règle ou à un principe de valeur constitutionnelle ;

[...] cette dérogation peut être aussi bien expresse qu'implicite » (*décision n° 92-312 DC du 2 septembre 1992, Traité sur l'Union européenne*). La thèse de la supra-constitutionnalité est donc écartée par le Conseil, qui rejette explicitement toute compétence pour statuer sur une révision de la Constitution.

b) Fondamentalité matérielle

Une partie de la doctrine estime que certains droits proclamés au niveau interne bénéficient d'une ***fondamentalité matérielle***. Selon cette théorie, la fondamentalité apparaît différemment, car aucun mécanisme renforcé n'est prévu au-delà de la procédure législative ordinaire, et aucune voie de recours ne permet de censurer la loi. Il en résulte que les droits fondamentaux découlent non pas d'une procédure différenciée d'adoption, mais de leur contenu, qui fait l'objet d'une valorisation particulière à la suite d'une « *convention de la Constitution* », c'est-à-dire un accord de tous les organes constitutionnels. Par exemple, au Royaume-Uni, la fondamentalité en ce sens caractériserait de grands textes historiques, comme la *Magna Carta* de 1215 ou le *Bill of Rights* de 1689. Il en résulte que les droits sont essentiellement d'origine législative et surtout, jurisprudentielle. Ce serait donc dans un sens matériel que les droits fondamentaux seraient consacrés en droit britannique, c'est-à-dire eu égard à l'importance qu'ils ont pour la société et à celle de l'autorité qui les édicte (le Parlement, ou le juge).

Néanmoins, nous ne pouvons adhérer à cette théorie, car la fondamentalité se caractérise essentiellement par la possibilité de garantir juridiquement les droits à l'encontre des pouvoirs publics, même du Parlement. La fondamentalité matérielle n'a pas de conséquences juridiques spécifiques. Le *Bill of Rights* de 1689 peut ainsi être modifié par une loi ordinaire. Seule la garantie des libertés à l'encontre du législateur permet de caractériser le régime des libertés fondamentales.

Les sources des libertés fondamentales

PARTIE 1

Les sources historiques des libertés fondamentales

Chapitre 1

Les libertés fondamentales trouvent leur origine dans la philosophie individualiste libérale, qui met l'accent sur la sphère d'autonomie, la liberté de l'homme. Celle-ci est consacrée dans les textes révolutionnaires, principalement la Déclaration des droits de l'homme et du citoyen, mais a fait l'objet de remises en cause dans l'histoire.

1 Les sources de l'individualisme libéral

■ *Les origines indirectes : les ancêtres des libertés*

a) L'Antiquité

La Grèce antique est la mère de la démocratie, elle permet de reconnaître aux individus le droit de participer à la vie politique de la cité. Toutefois, ce statut est réservé aux hommes libres, excluant les femmes et les esclaves. Le principe d'égalité est encore loin d'être respecté. De même, il n'y a pas de liberté individuelle, car la cité intervient dans tous les domaines de la vie quotidienne.

Il existe néanmoins certaines réglementations qui sont protectrices des libertés publiques : par exemple, les principes posés par Solon (VIe siècle avant J.-C.) ébauchent la notion de sûreté : lorsqu'un homme asservi pour dettes a été affranchi, il ne peut plus être asservi de nouveau pour le même motif.

En outre, certaines philosophies précèdent l'individualisme libéral en plaçant la dignité et l'universalité de l'homme au cœur de leurs théories. Par exemple, pour les sophistes, l'homme est la mesure de toute chose (Protagoras).

Les mêmes constats peuvent être observés à Rome. Les pouvoirs des gouvernants peuvent être limités : par exemple, une assemblée populaire peut remettre en cause le verdict d'un magistrat qui aurait mis en jeu la vie ou la liberté d'un citoyen. La sûreté est ici encore ébauchée. Mais comme en Grèce, la cité a un poids déterminant dans la vie des individus.

b) Le Moyen Âge

La féodalité ne permet pas l'épanouissement des libertés. Celles-ci sont davantage des privilèges arrachés au suzerain par les vassaux. Les libertés sont rares jusqu'à la fin de l'Ancien Régime. En témoignent les lettres de cachet (qui permettent d'emprisonner tout individu), les corporations (qui portent atteinte à la liberté d'association), ou la répression des religions minoritaires. Le développement du christianisme représente toutefois une évolution en faveur des libertés. Le christianisme s'oppose à la conception autoritaire de la cité grecque ou romaine, et affirme la valeur transcendantale de l'être humain, même des esclaves, car l'homme a été créé à l'image de Dieu. Le principe des deux royaumes (spirituel et temporel) affirme la limitation du pouvoir temporel dans la cité, car il est soumis à Dieu, d'où l'idée d'une limitation du pouvoir de l'État et de droits accordés aux individus.

Au XIIIe siècle, Saint Thomas d'Aquin développe la conception du droit naturel : il s'agirait d'un droit antérieur à toute société, qui pose le principe de libertés inhérentes à la personne humaine, et dont l'un des fondements est la justice.

■ *Les origines immédiates : la marche révolutionnaire*

a) Les théories

Les idées libérales sont élaborées par des philosophes politiques qui souhaitent théoriser la notion d'État et le rôle de celui-ci. L'état de nature est caractérisé par une liberté totale. Cependant, les individus vont passer un contrat, un pacte social, qui met fin à l'état de nature, organise la société et encadre les libertés.

Au XVIIe siècle, ***Grotius*** (*Traité de la guerre et de la paix*, 1625) laïcise la conception du droit naturel développée par Saint Thomas d'Aquin. Les libertés publiques ne sont plus justifiées par référence à la puissance divine. Pour Grotius, il existe dans l'état de nature certains droits qui vont être conservés par les hommes qui concluent le pacte social : le pouvoir existe car les individus l'ont souhaité, mais le droit naturel antérieur doit prévaloir sur le droit positif (le droit adopté par l'État). Le principe fondateur de ce droit est la dignité humaine, qui est intangible.

Hobbes, dans le *Léviathan* (1651), a une vision pessimiste de la formation de l'État. Certes, dans l'état de nature, l'homme est « *un loup pour l'homme* », et le pacte social représente un progrès.

Cependant, le pacte social constitue une aliénation des droits de l'individu entre les mains d'un pouvoir totalitaire. La force reste le fondement de la société mais est concentrée au profit d'une source unique du pouvoir.

Locke (*Second Traité sur le gouvernement civil*, 1690) estime que l'homme était bon dans l'état de nature, et titulaire de droits individuels, la liberté et la propriété. Mais le pacte social va lui permettre de progresser : les libertés seront conservées et mieux protégées ; un arbitrage va être assuré entre les droits, la sécurité sera garantie. Le pouvoir est confié aux gouvernants, mais il ne s'agit que d'un simple dépôt : les droits des individus sont temporairement et partiellement transmis aux gouvernants. Or, si les gouvernants sont indignes de la confiance témoignée par les gouvernés, le pouvoir peut leur être retiré. L'hypothèse la moins extrême est cependant celle de la limitation du pouvoir, ce qui conduit Locke à développer la théorie de la séparation des pouvoirs.

Le XVIIIe siècle, siècle des Lumières, est marqué par Rousseau et Montesquieu.

Rousseau publie le *Contrat social* en 1762. Il s'intéresse aux droits de l'homme « *né libre et partout dans les fers* ». Il s'interroge également sur l'organisation de la vie politique qui limite les droits des individus. Son apport réside dans une tentative de conciliation entre le pouvoir et la liberté. La conception de la volonté générale représente le pouvoir abandonné au souverain. Il s'agit de la volonté de la majorité, dont le souverain n'est que le mandataire. Les individus ne tiennent pas leurs droits du souverain, mais de l'état de nature, et ceux-ci sont inaliénables. Les sujets sont égaux et participent tous à la formation de la volonté générale. La loi est l'élément central du système rousseauiste. Elle codifie d'abord les droits naturels, les faisant ainsi entrer dans le droit positif. En outre, son caractère général et abstrait protège contre l'arbitraire. Enfin, elle est issue de la volonté générale.

Montesquieu publie *L'Esprit des lois* en 1748. Son apport essentiel est représenté par une reformulation de la séparation des pouvoirs déjà précisée par Locke. La liberté politique est garantie par cette séparation des pouvoirs.

b) Le droit constitutionnel

Les droits constitutionnels anglais et américain marquent la consécration de droits et libertés dans des textes encore en vigueur aujourd'hui.

En ***Angleterre*** en 1215, le Parlement est réuni pour la première fois pour recevoir la *Magna Carta* du roi Jean sans Terre. La *Magna Carta* est une charte rédigée par les barons révoltés contre leur roi du fait de la cruauté de celui-ci, des détentions arbitraires et de la dureté de l'impôt. Elle est acceptée par le roi le 15 juin 1215. Elle comprend des articles fondateurs pour la protection des libertés, comme l'article 20 affirmant la proportionnalité des peines, ou l'article 39 créant le droit à la sûreté. Aussi, en Angleterre, la volonté de limiter les prérogatives royales est directement associée à la reconnaissance de droits. Plus tard, la loi d'*Habeas Corpus* est votée par le Parlement et promulguée par le roi en 1679. La procédure existe déjà depuis le Moyen Âge, mais n'est assortie d'aucun moyen de contrainte. Elle permet de faire produire un prisonnier devant un tribunal, d'exiger les motifs de cette détention, et de faire juger l'individu. La loi de 1679 oblige désormais à faire délivrer le prisonnier dès réception d'une ordonnance (*writ*), et en cas de refus de la part du geôlier, celui-ci peut encourir une sanction pour manque de respect dû à la cour. La loi s'applique à tous, même au roi.

De même, en février 1688, le Parlement remet à Marie et Guillaume d'Orange le projet de *Bill of Rights*. Le texte intéresse d'abord le citoyen, dont le droit de pétition est clairement affirmé. De plus, la proportionnalité des peines est consacrée, tout comme l'interdiction de traitements inhumains. Mais le *Bill of Rights* restreint également les pouvoirs du roi, qui ne peut plus suspendre l'application d'une loi ou ne pas appliquer une loi. La déclaration est aussi le fondement de la liberté d'expression des parlementaires ainsi que de leur immunité.

Si en Angleterre, la proclamation des libertés s'est faite parallèlement à la montée en puissance du Parlement, aux ***États-Unis***, c'est en réaction contre cette puissance que des droits ont été consacrés. Ainsi, la révolte des colons débute à la suite de la volonté du Parlement britannique d'imposer une taxe sur le thé. Les textes anglais sont assez concrets et pragmatiques : ils s'adressent à un homme situé, le citoyen anglais, dans un contexte donné. Au contraire, les déclarations américaines sont plus idéalistes, elles s'appuient sur le droit naturel. La Déclaration d'indépendance du 4 juillet 1776 proclame une vérité « *évidente d'elle-même, que tous les hommes sont créés égaux, qu'ils sont dotés par leur Créateur de certains droits inaliénables, et que parmi ces droits figurent la vie, la liberté et la recherche du bonheur* ». Les États vont d'ailleurs faire précéder leurs Constitutions de déclarations des droits, comme la Virginie dès le mois de juin 1776. Le terme déclaration pour la première fois employé signifie que ces textes ne font que révéler les droits existants, mais ne les créent pas. Toutefois, il est surprenant que dans ce contexte, la Constitution fédérale de 1787 ne contienne pas de déclaration de droits à l'origine. La raison est d'abord celle de la compétence subsidiaire de la Fédération : les États fédérés ont adopté ces déclarations de droits, jugées suffisantes. Cependant, le pacte fédéral entre les gouvernants et les gouvernés suppose l'affirmation des droits de ces derniers. Ils sont donc introduits par voie d'amendements, c'est-à-dire grâce à une révision de la Constitution, en 1791. Connus sous le nom de *Bill of Rights*, ces dix premiers amendements sont complétés par la suite par d'autres droits. Par exemple, le XIIIe amendement de 1865 abolit l'esclavage, le XIVe amendement de 1868 proclame le principe d'égalité.

Les droits proclamés aux États-Unis bénéficient donc d'une antériorité incontestable sur la Déclaration des droits de l'homme. Cependant, la Déclaration de 1789 va synthétiser, laïciser et universaliser ces principes.

2 La Déclaration des droits de l'homme et du citoyen

Élaboration

En 1789, le Tiers état demande le doublement du Tiers et le vote par tête dans une assemblée commune. Les États se réunissent le 2 mai 1789, avec 1 196 députés dont 598 du Tiers. Un conflit naît de la question du vote par tête, et le 10 juin, les députés du Tiers se proclament Chambre des Communes, et sont rejoints par les députés du bas clergé. Le 17 juin, la Chambre des Communes se déclare Assemblée nationale ; le 20 juin, elle décide de rédiger une Constitution, et devient assemblée constituante, le clergé et la noblesse devant, sur ordre du roi, rejoindre le Tiers. Pendant la rédaction de la Constitution, le pouvoir est partagé entre le roi et l'assemblée qui détient le pouvoir législatif. Aussi, la Déclaration des droits de l'homme et du citoyen est le premier texte adopté par une « Assemblée nationale constituante ».

Inspirée par les premières déclarations de droits américaines, l'Assemblée refuse que le roi lui concède une déclaration, et s'estime compétente pour proclamer des droits, et limiter les pouvoirs du roi. Le contexte de l'élaboration de la Déclaration est d'abord celui de l'abolition des privilèges dans la nuit du 4 août 1789. Achevée le 26 août 1789, la Déclaration est placée en tête de la Constitution le 6 août 1791.

Contenu

La Déclaration des droits de l'homme et du citoyen (DDHC) représente une synthèse de revendications variées :

- des revendications ***idéologiques*** (notamment l'article 1er : « *Les hommes naissent et demeurent libres et égaux en droits. Les distinctions sociales ne peuvent être fondées que sur l'utilité commune* ») ;
- des revendications plus ***concrètes*** reflétant les préoccupations de cette époque (par exemple l'article 12 : « *La garantie des droits de l'homme et du citoyen nécessite une force publique : cette force est donc instituée pour l'avantage de tous, et non pour l'utilité particulière de ceux auxquels elle est confiée* »).

En outre, la Déclaration est fortement inspirée par les idées rousseauistes et la philosophie individualiste libérale développée dès le XVIe siècle :

- elle constate les ***droits naturels*** : elle ne crée pas de droits nouveaux. Les droits sont en outre universels, ils sont les mêmes pour tous les hommes. Les déclarations américaines et anglaises font référence au citoyen américain et anglais, alors que la DDHC reconnaît des droits à tous de manière abstraite ;

– elle est marquée par ***l'individualisme*** : elle ne reconnaît des droits qu'aux individus, et non aux groupes ou communautés, et les droits ne s'exercent pas collectivement. La vision révolutionnaire est celle d'une société composée d'une juxtaposition d'individus. Notamment, les libertés de réunion et d'association ne sont pas proclamées ;
– elle est également marquée par ***l'importance de la liberté et de l'égalité***. Il s'agit essentiellement de réactions contre les abus de l'Ancien régime : les lettres de cachet, la société d'ordres, le poids des impôts... ;
– elle fixe de manière très générale ***le principe de la garantie des droits par la séparation des pouvoirs*** (art. 16). Toutefois, elle élabore un véritable programme à l'intention du législateur, dont l'œuvre est l'« *expression de la volonté générale* » (art. 6). Le législateur est ainsi au cœur de la protection des droits. Il lui revient de fixer les bornes de la liberté (art. 4), de défendre les actions nuisibles à la société (art. 5), de garantir le principe d'égalité (art. 6) et la propriété (art. 17), d'établir des règles pénales non rétroactives et strictement nécessaires (art. 7, 8 et 9), et de fixer les limites des libertés d'opinion et d'expression (art. 10 et 11). L'un des arguments en faveur de la suprématie de la loi est le caractère général qu'on lui attribue. Générale, impersonnelle, abstraite : pour les révolutionnaires, la loi incarne la notion même de droit.

■ *La Déclaration dans l'histoire française*

a) La place de la Déclaration dans les Constitutions françaises

Si la France se dote d'une Déclaration des droits de l'homme en 1789, la question de sa valeur juridique n'est pas tranchée avant presque deux siècles. Les Constitutions postérieures à celle de 1791 n'y font d'ailleurs même plus référence, et ont leurs propres déclarations. Ainsi, la Convention adopte une Déclaration des droits de l'homme et du citoyen en 1793 (Constitution de l'an I), en espérant améliorer celle de 1789. Mais elle est trop longue et le souci de l'exhaustivité la rend moins universelle. Une Déclaration des droits et devoirs de l'homme et du citoyen vient la remplacer en 1795 (Constitution du 5 fructidor an III). La Constitution de l'an VIII met fin à cette multiplication des déclarations, et n'en contient aucune. Il faut attendre la Charte de 1814 pour que les Constitutions françaises comprennent à nouveau une liste de droits.

Les lois constitutionnelles de 1875 sont muettes sur les droits des citoyens, mais c'est sous la IIIe République que les principes de la Déclaration de 1789 sont consacrés en droit positif par la loi et la jurisprudence. Aussi, le rejet par référendum du projet de Constitution du 19 avril 1946 reflète l'attachement des Français à la Déclaration de 1789. En effet, ce projet contient une nouvelle déclaration de droits, et ce motif ainsi que celui de la disparition du Sénat, ont justifié le refus populaire. Le projet finalement adopté réaffirme les droits et libertés de l'homme et du citoyen consacrés en 1789 et les principes fondamentaux reconnus par les lois de la République.

Pour corriger l'individualisme de la Déclaration de 1789, au lieu de modifier celle-ci, les constituants choisissent de reconnaître également des principes particulièrement nécessaires à notre temps, à caractère économique et social.

b) Les libertés seulement proclamées

La proclamation des droits de l'homme en 1789 n'a pas été suffisante pour ancrer une tradition libérale dans l'histoire française.

La ***période napoléonienne*** débute certes par la proclamation des droits sacrés de la propriété, de l'égalité et de la liberté (proclamation des consuls du 24 frimaire an VIII), mais l'Empire qui commence en l'an XII ne comporte aucune déclaration de droits. L'Empire est profondément antilibéral.

De même, sous la ***monarchie***, les principes de 1789 sont abandonnés.

En 1814, la charte constitutionnelle est octroyée par le roi. Le « droit public des Français » édicte des libertés acceptées avec résignation par Louis XVIII. La liberté individuelle et l'égalité sont garanties, mais après l'épisode des 100 jours (1er mars-18 juin 1815 : retour de Napoléon), le régime se durcit. Par exemple, des mesures préventives sont établies pour encadrer la liberté de la presse. À la mort de Louis XVIII, Charles X devient roi. Ses ordonnances du 25 juillet 1830 suspendent la liberté de la presse, prononcent la dissolution de la Chambre des députés et restreignent l'exercice du droit de vote.

La charte de 1830 réaffirme le droit public des Français, mais n'est plus octroyée, il s'agit d'un pacte entre les Français et Louis-Philippe. Des débuts plutôt libéraux sont réprimés, notamment en matière de liberté de presse.

De même, le ***second Empire*** en 1852 proclame son attachement aux principes de 1789 mais il tourne à l'Empire autoritaire fondé sur le plébiscite et les atteintes aux libertés pour lutter contre les opposants républicains. La liberté de la presse est réduite. Vers 1860, l'Empire devient plus libéral, l'instruction se développe et représente un progrès de la protection des droits ; les libertés de réunion, d'association et de la presse sont tolérées.

c) Les libertés incomplètes

Les régimes postérieurs à 1791 traduisent une volonté de compenser les lacunes de la philosophie individualiste et libérale de la DDHC ; et ceci de manière très rapide. La *Convention* adopte la déclaration montagnarde, annexée à la Constitution du 24 juin 1793. Elle consacre des droits-créances, c'est-à-dire des prestations que les individus sont en droit d'attendre de l'État : droit à l'instruction, droit au secours public, mais elle n'est jamais appliquée tout comme la Constitution qui en est le support. La terreur est d'ailleurs le pire exemple de violation des droits proclamés. La déclaration comprenait pourtant des innovations intéressantes, comme le suffrage universel, qui ne sera effectif qu'en 1848.

C'est ainsi en ***1848*** que l'esprit de 1793 refait surface et qu'il se concrétise dans des domaines nouveaux. Le suffrage universel masculin est instauré. L'esclavage est aboli. Mais surtout, des droits-créances font partie pour la première fois du droit positif. Il s'agit de l'idée que l'État doit aider l'individu à subvenir à ses besoins, la notion de fraternité complète la liberté et l'égalité de 1789. Toutefois, les droits-créances sont très difficiles à mettre en œuvre, et la Constitution de 1848 n'a pas été appliquée assez longtemps pour réaliser ses objectifs.

C'est l'ancrage du régime parlementaire qui permet l'instauration durable d'un régime libéral en France. C'est ainsi sous la ***IIIe République*** que les grands textes proclamant les libertés ont été adoptés, certains devenant des principes fondamentaux reconnus par les lois de la République sous la plume du Conseil constitutionnel. Citons la loi sur la liberté d'association du 1er juillet 1901, les lois des 30 juin 1881 et 28 mars 1907 sur la liberté de réunion ou la loi du 29 juillet 1881 proclamant la liberté de la presse. Ces libertés ont bénéficié d'un régime de garantie, dans la mesure où elles s'imposaient au gouvernement et à l'administration, placés sous le contrôle du Conseil d'État.

3 Les limites et l'élargissement de la philosophie individualiste libérale

La philosophie révolutionnaire fut d'abord critiquée puis complétée par l'apparition de nouveaux droits.

■ *Les critiques de la théorie libérale*

Les critiques proviennent aussi bien des doctrines pluralistes que des doctrines autoritaires.

a) Les critiques des doctrines pluralistes

1) La critique contre-révolutionnaire

Edmund Burke (1729-1797) : britannique d'origine irlandaise, il conteste le caractère trop abstrait des droits de l'homme, qui n'ont pas d'utilité véritable. Il prône la consécration de vrais droits individuels : droit à la justice, liberté d'entreprendre et d'éduquer ses enfants.

2) La critique positiviste

La doctrine positiviste est une doctrine juridique qui conteste la théorie des droits naturels. Elle définit le droit comme le droit en vigueur d'origine humaine, en opposition à un droit idéal. Les auteurs positivistes ne reconnaissent l'existence de libertés que si elles sont contenues dans une norme, dont le respect est garanti par des mécanismes notamment juridictionnels. Le droit naturel, même s'il est proclamé dans une déclaration comme celle de 1789, n'a pas d'effectivité, car il n'existe pas de moyens juridiques de le faire respecter.

3) La critique social-démocrate

Il s'agit d'une doctrine plus idéologique. Les sociaux-démocrates sont hostiles à l'individualisme de 1789. Ils prônent une société dont le fondement est la démocratie politique mais dans laquelle l'État va satisfaire des exigences permettant l'épanouissement de la personne humaine. Ils revendiquent des droits-créances, des prestations de l'État.

b) Les critiques des doctrines autoritaires

1) Le fascisme et le national-socialisme

Le fascisme se développe en Italie : la nation est au cœur de la doctrine fasciste, elle s'impose aux individus qui la composent, qui ne sont que des moyens pour exécuter les fins sociales de la nation. La liberté n'est concevable que si elle ne s'oppose pas aux intérêts supérieurs de la nation.

Le national-socialisme rejoint la doctrine fasciste car il fait prévaloir la communauté sur l'individu, il propose une négation de l'homme en tant que tel, qui n'est qu'un élément de la collectivité. La liberté est également niée car elle correspond à la démarche de l'homme seul qui poursuit des buts différents de ceux de la communauté.

2) Le marxisme

Les droits de l'homme de 1789 sont pour Marx un moyen de domination de la bourgeoisie sur le prolétariat, car ils permettent une émancipation seulement politique et non celle des moyens de production. Il s'agit de libertés bourgeoises, car seuls ceux qui ont les moyens de les mettre en œuvre peuvent en disposer. En outre, l'individualisme et la conception du droit de propriété sont rejetés. Marx critique également l'ineffectivité des droits, qui sont proclamés mais dont les moyens de garantie ne sont pas prévus. Une distinction apparaît enfin entre les libertés formelles et les libertés réelles ; les libertés formelles sont celles de 1789, elles permettent de ne pas être empêché d'agir (libertés-autonomie). Quant aux libertés réelles, elles donnent les moyens d'agir (droits-créances). Elles ne sont pas acquises à l'avance, comme les droits naturels consacrés en 1789, mais doivent faire l'objet d'une conquête.

L'apparition de nouveaux droits

a) La protection internationale des droits

Le droit international des droits de l'homme émerge après la Seconde Guerre mondiale grâce à de nombreux instruments internationaux énonçant des droits garantis. La Charte des Nations unies rappelle la foi des peuples dans les droits fondamentaux de la personne. Dans ce cadre, la Déclaration universelle des droits de l'homme (DUDH) du 10 décembre 1948 marque le coup d'envoi de cette internationalisation des droits de l'homme, même s'il ne s'agit que d'une résolution de l'Assemblée générale de l'ONU sans valeur impérative.

La DUDH comporte quatre piliers qui sont en théorie communs à tous les États :

- ***droits personnels*** : droit à la vie, protection de la liberté individuelle ;
- ***insertion de l'homme dans la société*** : droit à une nationalité, protection de la famille, droit de propriété (formulé de manière ambiguë pour satisfaire tous les États : « *Toute personne, aussi bien seule qu'en collectivité, a droit à la propriété* ») ;
- ***libertés publiques et droits politiques*** : libertés d'expression, de réunion, de conscience, d'association ;
- ***droits économiques, sociaux et culturels*** : droit au travail, au repos, à un niveau de vie suffisant, à la sécurité sociale, à l'éducation.

La DUDH est complétée par deux pactes signés le 16 décembre 1966. Le Pacte international des droits économiques, sociaux et culturels est entré en vigueur le 3 janvier 1976. Le Pacte international sur les droits civils et politiques est entré en vigueur le 23 mars 1976.

S'agissant des organes de contrôle, la Commission (aujourd'hui Conseil) des droits de l'homme, créée par la Charte de l'ONU, est chargée de réagir aux violations des droits de l'homme ; elle peut alors présenter un rapport. Les Pactes de 1966 quant à eux instaurent un Comité des droits de l'homme qui peut examiner des plaintes de victimes de violations de leurs droits. Il peut adresser des constatations à l'État intéressé.

Dans un cadre régional, les statuts du ***Conseil de l'Europe*** sont adoptés à Londres le 5 mai 1949, dans le but de promouvoir et de protéger la liberté et la démocratie. Le premier traité multilatéral conclu par le Conseil de l'Europe, la Convention européenne de sauvegarde des droits de l'homme et des libertés fondamentales (CEDH), est adopté le 4 novembre 1950 et entre en vigueur le 3 septembre 1953. La Convention est ratifiée par la France le 3 mai 1974.

En 1989, les États postcommunistes adhèrent à la CEDH, la Russie en 1996. La Convention est assortie de protocoles additionnels, comme le protocole n° 1 sur le droit de propriété ou les protocoles n° 6 et n° 13 sur l'abolition de la peine de mort.

D'autres cadres régionaux ont été inspirés par le modèle européen :

– la ***Convention américaine relative aux droits de l'homme*** du 22 novembre 1969 est adoptée dans le cadre de l'Organisation des États américains. Elle est entrée en vigueur le 18 juillet 1978, mais n'est pas ratifiée par les États-Unis et le Canada. Du point de vue du contenu, elle met l'accent, comme la CEDH, sur les droits civils et politiques. Elle met en place une Commission et une Cour interaméricaine des droits de l'homme, similaires à la Commission et la Cour européenne des droits de l'homme ;
– la ***Charte africaine des droits de l'homme et des peuples*** du 27 juin 1981 est entrée en vigueur le 21 octobre 1986. Elle donne une place importante au droit des peuples, ce qui met l'accent sur la lutte contre la colonisation mais aussi sur la collectivisation des droits de l'homme. Les valeurs de la civilisation africaine sont prises en compte par la Charte, qui présente une conception sociale des droits et devoirs de l'individu vis-à-vis de la communauté. Elle crée une Commission africaine des droits de l'homme et des peuples, qui peut être saisie par un État partie ;
– la ***Charte arabe des droits de l'homme*** du 15 septembre 1994 est adoptée dans le cadre de la Ligue des États arabes. Elle n'est pas impérative et propose un mécanisme de contrôle sommaire ;
– la ***Déclaration islamique universelle des droits de l'homme*** est proclamée en 1981. Elle fait prévaloir les normes divines, et contredit sur certains points les instruments internationaux des droits de l'homme.

Ces textes montrent bien que la philosophie individualiste de 1789 est relative dans l'espace. Elle est également relative dans le temps, car elle est complétée après la Seconde Guerre mondiale par de nouveaux droits.

b) Les nouvelles générations de droits

Les droits civils et politiques sont la première génération de droits, opposables à l'État. Les droits économiques et sociaux sont la deuxième génération, ils sont exigibles de l'État. Par exemple, en France, le projet de déclaration du 19 avril 1946 fait partie du projet de Constitution qui sera repoussé le 5 mai 1946 par référendum. Il s'agit d'un texte qui a pour but de remplacer la DDHC : dans une première partie, il reprend les principes de 1789, dans une seconde partie, il instaure des droits économiques et sociaux.

Grâce à ces droits, l'homme dispose d'une créance vis-à-vis de la société (par exemple : le droit à la culture, à la santé). Ce projet étant repoussé, il convient d'élaborer un autre projet de Constitution. Les libertés traditionnelles vont être consacrées par renvoi à la DDHC mais aussi aux principes fondamentaux reconnus par les lois de la République : il s'agit de grandes lois de la IIIe République qui consacrent des libertés. Mais certains droits vont également être ajoutés : les principes particulièrement nécessaires à notre temps (égalité homme/femme, droit d'asile, protection de la santé, droit au repos, aux loisirs). Il s'agit de droits d'essence économique et sociale, qui imposent une obligation d'agir de la part de l'État.

Au début des années 1980, une troisième génération de droits de l'homme apparaît : on parle des droits-fraternité ou solidarité. Il s'agit d'un ensemble hétérogène (droit à un environnement sain, droit des peuples à disposer d'eux-mêmes, droit au développement, droit à la paix, ingérence humanitaire, lutte contre les crimes contre l'humanité ou le terrorisme, respect du patrimoine commun de l'humanité). En France, la Charte de l'environnement consacre des droits liés à l'environnement (droit à un environnement respectueux de la santé, principes de prévention et de précaution, participation du public à la prise de décision en matière environnementale, droit à l'information).

Les sources formelles des libertés fondamentales

Chapitre 2

La définition même des libertés fondamentales identifie leurs sources formelles : il s'agit de la Constitution et des traités, qui encadrent le législateur, et dont la violation par la loi est sanctionnée. La compétence du législateur mais aussi la compétence du pouvoir exécutif se déduisent ainsi de ce cadre.

1 Les sources constitutionnelles

La valeur constitutionnelle des droits inclus dans le Préambule de la Constitution n'était pas évidente en 1958, et a été précisée par la jurisprudence du Conseil constitutionnel.

■ *La question de la valeur constitutionnelle des droits*

Les constitutions françaises jusqu'en 1958 ont beau proclamer des droits, ceux-ci ne pouvaient être effectifs sans l'instauration d'un contrôle de constitutionnalité permettant de censurer les lois liberticides. Cependant, malgré la création du Conseil constitutionnel en 1958, tant la question de la valeur juridique, puis une fois acquise, celle de la valeur constitutionnelle des droits consacrés dans le Préambule de la Constitution de 1958 ont posé problème.

Les rédacteurs de la Déclaration des droits de l'homme n'ont jamais évoqué la valeur juridique ou normative du texte. Une norme modifie l'ordonnancement juridique, et est effective grâce à des mécanismes juridictionnels de garantie. Sous la IIIe République, une partie de la doctrine (notamment Duguit) estime que la Déclaration a une valeur supra-constitutionnelle, ce qui doit être contesté. La majorité de la doctrine (notamment Carré de Malberg) estime au contraire que la Déclaration n'a aucune valeur juridique. Elle a été annexée à une Constitution révolue, celle de

1791. Une partie de la doctrine estime même que la Déclaration ne peut avoir de valeur juridique car elle est trop imprécise. Le Conseil d'État aura ainsi recours aux principes généraux du droit (PGD) pour consacrer des droits plus concrets, par exemple l'égalité devant le service public. Le problème se pose également à propos du Préambule de 1946, alors même qu'il est partie intégrante de la Constitution, qu'il a été élaboré par les constituants.

Les travaux préparatoires de la Constitution de 1958 révèlent les problèmes soulevés par l'insertion d'une déclaration de droits. Le 7 août 1958 devant le Comité consultatif constitutionnel, le commissaire du gouvernement, Raymond Janot, indique que le Préambule de la Constitution de 1946 et la Déclaration de 1789 ont une valeur législative dans la mesure où ils contiennent les principes généraux des droits reconnus comme tels par la jurisprudence. Mais, selon lui, ni la Déclaration, ni le Préambule n'ont, dans la jurisprudence actuelle, valeur constitutionnelle. Il semble ainsi que les principes généraux du droit reconnus par le Conseil d'État sont largement suffisants, et qu'il n'est pas nécessaire de constitutionnaliser des droits. Puis, devant l'Assemblée générale du Conseil d'État les 27 et 28 août 1958, Léon Julliot de la Morandière évoque la valeur juridique de la Déclaration et du Préambule de 1946, sans toutefois préciser leur rang. Néanmoins, il les oppose à de simples proclamations ou souhaits, comme ceux formulés par exemple dans la Déclaration universelle des droits de l'homme.

Il semble ainsi que, dans les travaux préparatoires de la Constitution, rien ne peut laisser penser que les droits du Préambule ont une valeur constitutionnelle. C'est néanmoins ce qu'a affirmé le Conseil constitutionnel dans sa décision n° 71-44 DC du 16 juillet 1971 (*Liberté d'association*), en censurant pour la première fois une loi contraire aux droits du Préambule.

■ *Les droits dans la Constitution*

a) Les droits dans le corps de la Constitution

Les dispositions relatives aux droits fondamentaux dans le corps même de la Constitution sont assez peu nombreuses :

- ***l'article 1er*** de la Constitution énonce plusieurs droits, car la France est une République « *laïque* », qui « *respecte toutes les croyances* ». En outre, elle « *assure l'égalité devant la loi de tous les citoyens sans distinction d'origine, de race ou de religion* ». Enfin, la loi « *favorise l'égal accès des femmes et des hommes aux mandats électoraux et fonctions électives, ainsi qu'aux responsabilités professionnelles et sociales* » (rédaction issue de la révision constitutionnelle du 23 juillet 2008) ;
- ***l'article 53-1*** concerne quant à lui le droit d'asile ;
- ***l'article 66-1*** dispose que « *nul ne peut être condamné à la peine de mort* » ;

- *les articles 5, 34, 61, 61-1 et 66* de la Constitution sont par ailleurs relatifs aux gardiens des droits fondamentaux : l'article 5 fait du président de la République le garant de la Constitution ; l'article 34 reconnaît au législateur un monopole de compétence pour fixer les règles concernant « *les garanties fondamentales accordées aux citoyens pour l'exercice des libertés publiques* » ; les articles 61 et 61-1 traitent du rôle du juge constitutionnel ; quant à l'article 66, il fait de l'autorité judiciaire la gardienne de la liberté individuelle.

b) Les droits dans le Préambule

Le Préambule fait référence à la Déclaration de 1789 et au Préambule de la Constitution de 1946, qui lui-même réaffirme les principes fondamentaux reconnus par les lois de la République et proclame des principes politiques, économiques et sociaux particulièrement nécessaires à notre temps. Une révision de 2005 (Loi constitutionnelle du 1er mars 2005) y ajoute les droits et devoirs de la Charte de l'environnement de 2004, faisant ainsi place aux droits de l'homme de la « troisième génération ».

C'est au fur et à mesure que la valeur constitutionnelle des éléments du Préambule est concrétisée par le Conseil constitutionnel.

1) Les PFRLR

En 1971, le président du Sénat Alain Poher saisit le Conseil constitutionnel de la modification de la loi du 1er juillet 1901. La réforme porte sur la procédure de création des associations. La loi de 1901 prévoit un simple régime de déclaration des associations, qui acquièrent ainsi la personnalité morale. La loi de 1971 au contraire, institue une procédure selon laquelle l'acquisition de la capacité juridique des associations déclarées peut être subordonnée à un contrôle préalable de l'autorité judiciaire sur leur conformité à la loi. Le président du Sénat s'oppose à la substitution du régime d'autorisation à celui de la déclaration. Selon lui, le Préambule réaffirme, en référence à celui de la Constitution de 1946, les « *principes fondamentaux reconnus par les lois de la République* », et la liberté d'association en fait partie.

La loi déférée serait contraire au principe en question, car celui-ci n'implique « *aucune limitation à la liberté d'association* » pour le président du Sénat. En effet, le législateur en 1901 envisage l'association comme un contrat de droit privé, dont la publicité permet d'acquérir une capacité opposable aux tiers et à l'administration. La formalité de publicité n'est pas contraire à cette liberté, car l'autorité qui délivre le récépissé n'a aucun pouvoir de contrôle sur l'association et doit automatiquement le délivrer. Il n'en va pas de même lorsque la constitution de l'association doit d'abord être approuvée par l'autorité judiciaire.

Le Conseil constitutionnel accueille cet argument, et censure la nouvelle procédure de création des associations. Il reprend la motivation avancée par Alain Poher, en classant la liberté d'association parmi les principes fondamentaux reconnus par les lois de la République. C'est la première décision du Conseil qui donne un contenu à cette notion, tout en l'incluant explicitement dans le bloc de constitutionnalité. Première censure d'une loi sur le fondement des droits constitutionnels, la décision n° 71-44 DC du 16 juillet 1971 (*Liberté d'association*) marque un tournant, non seulement s'agissant du rôle du Conseil constitutionnel, mais aussi du rôle du Parlement en matière de droits fondamentaux.

Reste cependant à savoir ce que sont les principes fondamentaux reconnus par les lois de la République. Le Conseil constitutionnel explicite sa méthode de reconnaissance de ces principes dans deux décisions, n° 88-244 DC du 20 juillet 1988, loi portant amnistie et n° 89-254 DC du 4 juillet 1989 sur les privatisations. Il fait ainsi mention de critères pour identifier un PFRLR :

- le principe doit avoir une source législative ;
- être contenu dans une législation républicaine antérieure à la Constitution du 27 octobre 1946 ;
- être d'application continue.

Ces conditions sont assez strictes, et les PFRLR sont rarement reconnus par le Conseil constitutionnel (voir par exemple la décision n° 2011-199 QPC du 25 novembre 2011, *M. Michel G. [Discipline des vétérinaires]*, s'agissant d'un PFRLR selon lequel les poursuites disciplinaires sont nécessairement soumises à une règle de prescription).

Néanmoins, le Conseil constitutionnel a déjà reconnu :

- la liberté d'association (*décision du 16 juillet 1971*) ;
- les droits de la défense (*décision n° 76-70 DC du 2 décembre 1976, loi relative au développement de la prévention des accidents du travail*) ;
- la liberté individuelle (*décision n° 76-75 DC du 12 janvier 1977 dite Fouille des véhicules*) ;
- la liberté de l'enseignement (*décision n° 77-87 DC du 23 novembre 1977, loi relative à la liberté de l'enseignement*) ;
- la liberté de conscience (même décision) ;
- l'indépendance de la juridiction administrative (*décision n° 80-119 DC du 22 juillet 1980, loi portant validation d'actes administratifs*) ;
- l'indépendance des professeurs d'université (*décision n° 83-165 DC du 20 janvier 1984, loi relative à l'enseignement supérieur*) ;
- la compétence du juge administratif (*décision n° 86-224 DC du 23 janvier 1987 sur le Conseil de la concurrence*) ;

– la compétence de l'autorité judiciaire, gardienne de la propriété privée immobilière (*décision n° 89-256 DC du 25 juillet 1989, loi portant dispositions diverses en matière d'urbanisme*) ;
– l'existence d'une justice pénale des mineurs (*décision n° 2002-461 DC du 29 août 2002, loi d'orientation et de programmation pour la justice*) ;
– le principe selon lequel des dispositions législatives et réglementaires particulières à l'Alsace et à la Moselle peuvent demeurer en vigueur tant qu'elles n'ont pas été remplacées par les dispositions de droit commun ou harmonisées avec elles (*décision n° 2011-157 QPC du 5 août 2011, Société SOMODIA [Interdiction du travail le dimanche en Alsace-Moselle]*).

Le Conseil d'État s'est également attribué la compétence de découvrir des PFRLR dans l'arrêt *Koné* du 3 juillet 1996 (interdiction de l'extradition dans un but politique).

2) La Déclaration des droits de l'homme

La Déclaration des droits de l'homme intègre quant à elle le bloc de constitutionnalité dès la décision n° 73-51 DC du 27 décembre 1973, *Taxation d'office*. Il s'agit d'une autre saisine notable du président du Sénat. Celui-ci estime que l'article 62 de la loi de finances pour 1974 est contraire à la Constitution. En effet, cet article permet au contribuable taxé d'office à l'impôt sur le revenu, d'obtenir une décharge de la cotisation qui lui est assignée à ce titre, s'il établit que les circonstances ne peuvent laisser présumer « *l'existence de ressources illégales ou occultes ou de comportements tendant à éluder le paiement normal de l'impôt* ». Toutefois, une distinction est prévue s'agissant de la possibilité d'apporter cette preuve, car seuls peuvent établir ces faits les contribuables dont les bases d'imposition n'excèdent pas 50 % de la limite de la dernière tranche du barème de l'impôt sur le revenu. Pour le président du Sénat, « *ce texte établit donc une discrimination entre les citoyens en fonction de l'importance de leurs revenus* ». Il est donc contraire aux articles 1er et 6 de la Déclaration des droits de l'homme, car il « *rompt l'égalité des citoyens devant la loi et devant la justice* ».

C'est exactement cet argument que retient le Conseil constitutionnel dans sa décision n° 73-51 DC du 27 décembre 1973, en jugeant que « *ladite disposition porte atteinte au principe de l'égalité devant la loi contenu dans la Déclaration des droits de l'homme de 1789 et solennellement réaffirmé par le Préambule de la Constitution* ». Après les principes fondamentaux reconnus par les lois de la République, ce sont donc les dispositions de la Déclaration des droits de l'homme qui intègrent le bloc de constitutionnalité.

La Déclaration de 1789 se réfère surtout à la liberté et à l'égalité, que le Conseil constitutionnel a interprétées de manière très large pour englober de nombreux aspects de ces deux droits. Ainsi, si la Déclaration n'évoque que la liberté d'opinion, la liberté religieuse et la liberté d'expression de la pensée, le Conseil a rattaché à la Déclaration de nombreux aspects beaucoup plus modernes tels la liberté d'entreprendre, la liberté du mariage, la liberté de communication audiovisuelle ou la liberté d'accès à Internet. De même, alors que l'article 6 de la Déclaration ne fait mention que du principe d'égalité devant la loi, le Conseil y rattache les principes d'égalité devant la justice, d'égalité devant la loi pénale, ou d'égalité des sexes.

3) Les principes particulièrement nécessaires à notre temps

Une saisine de plus de soixante députés est présentée le 20 décembre 1974 au Conseil constitutionnel à l'encontre de la loi autorisant l'interruption volontaire de grossesse. Cette saisine donne au Conseil l'occasion de concrétiser la valeur constitutionnelle d'un autre élément du Préambule de 1946, dans la décision n° 74-54 DC du 15 janvier 1975, *Interruption volontaire de grossesse*. En effet, il range parmi les normes de référence le Préambule de la Constitution de 1946, et notamment son alinéa 11, selon lequel la Nation garantit à l'enfant la protection de la santé.

4) La Charte de l'environnement

La valeur constitutionnelle de la Charte de l'environnement est quant à elle affirmée peu de temps après la révision qui l'intègre dans le Préambule, dans une décision du 28 avril 2005 (*décision n° 2005-514 DC, Registre international français*). La Charte fonde aujourd'hui certaines censures du législateur, par exemple à l'occasion de questions prioritaires de constitutionnalité. L'article 7 de la Charte qui impose la participation du public aux décisions publiques ayant une incidence sur l'environnement est notamment le fondement de plusieurs décisions (*décision du Conseil constitutionnel n° 2011-183/184 QPC du 14 octobre 2011, Association France Nature Environnement [Projets de nomenclature et de prescriptions générales relatives aux installations classées pour la protection de l'environnement] ; décision n° 2012-262 QPC du 13 juillet 2012, Association France Nature Environnement [Projets de règles et prescriptions techniques applicables aux installations classées pour la protection de l'environnement soumises à autorisation] ; décision n° 2012-282 QPC du 23 novembre 2012, Association France Nature Environnement et autre [Autorisation d'installation de bâches publicitaires et autres dispositifs de publicité]*).

Ces décisions ont justifié l'adoption de la loi du 27 décembre 2012 relative à la mise en œuvre du principe de participation du public défini à l'article 7 de la Charte de l'environnement.

Notons enfin qu'un Comité avait été chargé, en avril 2008, d'étudier si et dans quelle mesure les droits fondamentaux reconnus par la Constitution du 4 octobre 1958 devaient être complétés par des principes nouveaux (il est notamment fait référence à la parité, à la bioéthique et à la consécration d'un principe de respect de la dignité humaine, au respect de la vie privée et des données personnelles, au pluralisme des courants d'expression et des médias). Présidé par Madame Simone Veil, le Comité a rendu son rapport en décembre 2008, et n'a pas recommandé de modification du Préambule. Notamment, parce que la révision constitutionnelle du 23 juillet 2008 a déjà modifié certains articles de la Constitution concernant l'égalité professionnelle des hommes et des femmes, et le pluralisme (l'article 4 de la Constitution dispose désormais : « *La loi garantit les expressions pluralistes des opinions et la participation équitable des partis et groupements politiques à la vie démocratique de la Nation* », et l'article 34 prévoit que « *la loi fixe les règles concernant* [...] *la liberté, le pluralisme et l'indépendance des médias* ») ; ces révisions ont été jugées suffisantes par le Comité.

2 Les sources internationales

■ *Les caractères de la protection internationale des droits de l'homme*

L'effectivité des droits fondamentaux est fortement limitée par le principe de souveraineté des États en droit international, qui implique que la participation à des systèmes de protection des droits de l'homme doit faire l'objet d'une acceptation expresse. De même, certaines procédures doivent être acceptées par les États même s'ils ont ratifié les conventions relatives aux droits de l'homme (par exemple, le recours individuel devant la Cour européenne des droits de l'homme jusqu'en 1998).

Au niveau mondial, l'Organisation des Nations unies ne peut assurer une protection effective de la Déclaration universelle des droits de l'homme, qui n'est pas un traité ratifié par les États. En outre, la Commission des droits de l'homme n'est composée de représentants que d'une minorité d'États, et son fonctionnement fait l'objet de critiques sévères. De même, l'effectivité du Pacte relatif aux droits civils et politiques de 1966 est garantie par le Comité des droits de l'homme des Nations unies, mais celui-ci peut seulement émettre des « *constatations* », dont le sort est à la discrétion des États.

Cependant, les droits de l'homme sont devenus l'un des éléments des politiques étrangères des États démocratiques, qui en imposent le respect grâce aux organisations internationales. Ainsi, au niveau de l'Union européenne, les ***critères de Copenhague***, instaurés en juin 1993, définissent les conditions qui doivent être respectées par les candidats à l'entrée dans l'Union. À côté de la reprise de l'acquis communautaire et d'une économie de marché viable, ces critères comprennent la mise en place d'institutions stables, garantissant la démocratie, la primauté du droit, les droits de l'homme et le respect des droits des minorités. Sur un plan européen élargi, c'est le Conseil de l'Europe qui est compétent, et l'effectivité de la Convention européenne des droits de l'homme est garantie par des mécanismes juridictionnels.

Les caractères de la protection dans le cadre du Conseil de l'Europe

Ce système est caractérisé par deux principes : le principe d'effectivité et le principe d'équilibre.

a) Le principe d'effectivité

Le principe d'effectivité signifie que tous les obstacles à l'inapplication de la Convention doivent être écartés. C'est principalement la jurisprudence de la Cour européenne qui a permis de rendre les droits de la Convention pleinement effectifs.

1) L'absence de condition de réciprocité

En droit international général, si l'une des parties ne respecte pas ses obligations découlant d'un traité, les autres États peuvent refuser d'appliquer ce traité. Dans le cadre de la CEDH, si un État ne respecte pas les droits de la Convention, les autres États ne peuvent pas méconnaître à leur tour leur engagement et ne pas respecter les droits de l'homme.

2) L'applicabilité directe

La CEDH est applicable directement dans l'ordre juridique des États membres, c'est-à-dire qu'une mesure nationale de transposition n'est pas nécessaire. Ceci tient au fait que les droits énoncés sont suffisamment précis. En outre, selon l'article 1er de la Convention, « *les Hautes Parties contractantes reconnaissent à toute personne relevant de leur juridiction les droits et libertés* » définis dans la Convention. Il ne s'agit donc pas seulement d'un traité créant des obligations à la charge des États, mais également d'un traité créant des droits au profit des individus.

3) L'effet utile de la Convention

La Cour européenne des droits de l'homme souhaite donner tout son effet utile à la Convention. Ainsi, elle entend protéger « *des droits non pas théoriques ou illusoires, mais concrets et effectifs* » (*CEDH, 9 octobre 1979, Airey c/Irlande*). Elle interprète la Convention de manière dynamique, c'est-à-dire de la façon la plus adéquate pour atteindre le but premier de la Convention, à savoir la protection des droits. Notamment, la notion d'« ***obligations positives*** » permet à la Cour de découvrir certains devoirs des États dans la mise en œuvre des droits de la Convention. Par exemple, le droit à la vie implique que l'État ne peut porter atteinte à la vie d'un individu, mais également qu'il doit tout mettre en œuvre pour protéger la vie et sanctionner les atteintes à la vie.

De même, la Cour interprète la Convention de manière autonome par rapport aux qualifications nationales. Par exemple, la notion de domicile de l'article 8 de la Convention n'est pas applicable seulement lorsque le droit national considère tel ou tel lieu comme un domicile. C'est la Cour qui qualifie juridiquement, et elle ne se réfère pas au droit national. Elle développe donc des définitions « européennes ».

Enfin, la Cour européenne considère que la Convention est un instrument « *vivant* » (*CEDH, 25 avril 1978, Tyrer c/Royaume-Uni* : « *La Convention est un instrument vivant à interpréter [...] à la lumière des conditions de vie actuelles* »), qui doit être adapté en fonction de l'évolution de la société, des mœurs... Par exemple, la position de la Cour européenne a évolué s'agissant des droits des transsexuels, des droits des enfants naturels (nés hors mariage), etc.

b) Le principe d'équilibre

Le principe d'équilibre permet de ne pas imposer de trop fortes obligations aux États. Ainsi, la procédure devant la Cour n'est qu'une procédure ***subsidiaire*** : il faut épuiser les voies de recours internes, devant les juges nationaux, avant de former un recours dans le cadre du Conseil de l'Europe. En outre, à l'origine, le recours individuel est soumis à une clause d'acceptation explicite. Le protocole n° 11 de 1998 a supprimé cette clause facultative ; l'adhésion à la CEDH implique désormais l'acceptation du droit de recours individuel.

Par ailleurs, des ***réserves*** peuvent être adoptées par les États. Une réserve est une déclaration d'un État qui souhaite se soustraire à l'application d'un ou plusieurs articles sans porter atteinte à l'intégrité du traité. Deux ou trois réserves à la CEDH sont formulées en moyenne par pays. La France a, notamment, émis une réserve relative aux articles 5 et 6 quant au régime disciplinaire des armées, et une réserve relative à l'article 15 sur les circonstances exceptionnelles afin de le rendre compatible avec l'utilisation éventuelle de l'article 16 de la Constitution donnant les pleins pouvoirs au président de la République.

Le compromis se retrouve également quant au fond même de la Convention. Seuls sont consacrés les droits civils et politiques. La Convention a été complétée par des protocoles additionnels ajoutant de nouveaux droits, ou sur la procédure. S'agissant des nouveaux droits, le protocole n° 1 garantit le droit de propriété.

Trois niveaux de droits peuvent être identifiés :

- les ***droits intangibles ou inconditionnels***, auxquels il ne peut être dérogé : droit à la vie (art. 2), droit de ne pas subir de traitement inhumain ou dégradant (art. 3), droit de ne pas être placé en esclavage, en servitude ou en travail forcé (art. 4), non-rétroactivité des lois pénales (art. 7) ;
- les ***droits conditionnels***, qui sont susceptibles de dérogations en cas de circonstances exceptionnelles (art. 15), comme la liberté d'expression (Convention, art. 10) ;
- les ***droits par ricochet***, non énumérés par la Convention mais qui en découlent (droits des étrangers, des détenus).

Ces droits s'adressent aux ressortissants des États parties à la Convention (nationaux) mais également à tout individu qui relève de la juridiction d'un État membre.

■ *La protection des droits fondamentaux dans l'Union européenne : la Charte des droits fondamentaux de l'Union européenne*

Le Traité de Maastricht et le Traité d'Amsterdam avaient pris acte des avancées jurisprudentielles de la Cour de justice des Communautés européennes en matière de droits fondamentaux, en disposant que l'Union respecte les droits fondamentaux, tels qu'ils sont garantis notamment par la CEDH. De plus, la liberté de circulation est garantie au profit des individus et notamment des travailleurs, ainsi que la liberté d'établissement. Le Traité de Maastricht crée également de nombreux droits liés à la citoyenneté européenne, tels le droit à la protection diplomatique de toute ambassade d'un État membre de l'Union, le droit de vote et d'éligibilité aux élections au Parlement européen et aux élections municipales, ou le droit de saisir le Médiateur et de déposer une pétition. Toutefois, pendant longtemps, l'Union ne dispose pas d'un catalogue de droits. La présidence allemande de l'Union européenne en 1999 a ainsi entrepris de doter l'Union européenne de son propre instrument de protection des droits fondamentaux.

La ***Charte des droits fondamentaux de l'Union européenne*** est proclamée lors du Conseil européen de Nice le 7 décembre 2000. Elle fut élaborée à la suite d'une procédure originale, marquée par l'instauration d'une Convention réunissant des représentants des gouvernements des États membres, un représentant de la Commission européenne, seize parlementaires européens et trente membres des Parlements nationaux. Il s'agit techniquement d'un accord interinstitutionnel, c'est-à-dire d'un accord entre les institutions européennes – Commission, Parlement, Conseil. Ce type d'accord n'engage pas les États membres, des obligations juridiques ne pouvant découler que d'un traité ratifié par chaque État. Il faut attendre l'entrée en vigueur du Traité de Lisbonne le 1er décembre 2009 pour que la Charte des droits fondamentaux acquière la même valeur juridique que celle des traités.

Matériellement, la Charte reprend un certain nombre de droits déjà proclamés par la Convention européenne des droits de l'homme. Par exemple, le droit à la vie, l'interdiction de la torture, la liberté et la sûreté, le respect de la vie privée et familiale. Mais la Charte comporte également de nombreuses innovations par rapport à la Convention européenne des droits de l'homme. Notamment, elle tient compte des problématiques liées à la bioéthique en interdisant dans son article 3 les pratiques eugéniques ou le clonage thérapeutique. L'article 8 concerne quant à lui la protection des données personnelles. Les droits des enfants, des personnes âgées, des personnes handicapées, sont proclamés, tous comme des droits-créances (éducation, sécurité sociale). Mais en outre, la Charte innove en incluant de nombreux droits sociaux, relatifs aux conditions de travail ou aux actions collectives. Enfin, les droits liés à la citoyenneté issus du Traité de Maastricht sont proclamés, incluant notamment le droit à une bonne administration (art. 41).

3 Le rôle de la loi et du règlement

La réserve de loi signifie que l'intervention du législateur est nécessaire pour concrétiser les droits fondamentaux. Cependant, le pouvoir réglementaire n'est pas dénué de compétences dans cette matière.

La réserve de la loi en matière de droits fondamentaux

La théorie de la réserve de la loi vise à prévenir ou sanctionner l'empiétement sur la compétence du législateur de l'autorité normative qui lui est directement soumise, à savoir le pouvoir réglementaire. Aussi, le fait que la loi soit soumise aux droits fondamentaux constitutionnels ne signifie pas seulement une obligation de ne pas voter des lois contraires à ces droits ; il s'agit également d'une obligation, pour le législateur, d'intervenir pour éviter un empiétement d'autres sources normatives qui pourrait être contraire aux droits fondamentaux.

Il en résulte que seule la loi peut intervenir dans certains cas, notamment en ce qui concerne les limitations des droits fondamentaux. C'est ce qu'expriment de nombreux articles de la Déclaration des droits de l'homme et du citoyen, comme l'article 4 qui confie à la loi le soin de fixer les bornes de la liberté.

Cette réserve de la loi est également exprimée sous la IVe République, dans l'avis du Conseil d'État du 6 février 1953 : « Certaines matières sont réservées à la loi, soit en vertu des dispositions de la Constitution, soit par la tradition constitutionnelle républicaine résultant notamment du Préambule de la Constitution et de la Déclaration des droits de l'homme de 1789, dont les principes ont été réaffirmés par le Préambule ».

C'est enfin l'article 34 de la Constitution de 1958 qui consacre le rôle du législateur, chargé de fixer les règles concernant « *les droits civiques et les garanties fondamentales accordées aux citoyens pour l'exercice des libertés publiques* ». Aussi, le Conseil constitutionnel veille à ce que le législateur ne se dessaisisse pas de sa compétence. C'est ce qui ressort notamment de la décision n° 75-56 DC du 23 juillet 1975 (sur la modification du Code de procédure pénale : « *L'article 34 de la Constitution qui réserve à la loi le soin de fixer les règles concernant la procédure pénale, s'oppose à ce que le législateur, s'agissant d'une matière aussi fondamentale que celle des droits et libertés des citoyens, confie à une autre autorité l'exercice* » de ses attributions).

Cette réserve de la loi signifie aussi que le législateur doit s'exprimer de façon suffisamment précise pour ne pas être suspecté d'incompétence négative. La technique des réserves d'interprétation opérée par le Conseil constitutionnel permet de combler les indéterminations éventuelles de la loi tout en évitant une censure. Ainsi, dans la décision n° 93-323 DC du 5 août 1993, *Loi relative aux contrôles et vérifications d'identité*, le Conseil juge que « *s'il est loisible au législateur de prévoir que le contrôle d'identité d'une personne peut ne pas être lié à son comportement, il demeure que l'autorité concernée doit justifier, dans tous les cas, des circonstances particulières établissant le risque d'atteinte à l'ordre public qui a motivé le contrôle* ». Aussi, ce « *n'est que sous cette réserve d'interprétation que le législateur peut être regardé comme n'ayant pas privé de garanties légales l'existence de libertés constitutionnellement garanties* ». Cette formule concise permet d'appréhender la portée de l'incompétence négative du législateur : sans son intervention, l'exercice des droits fondamentaux ne peut être garanti conformément à la Constitution.

■ *L'intervention administrative en matière de droits fondamentaux*

Théoriquement, les titulaires du pouvoir réglementaire n'interviennent en vertu de la réserve de loi qu'en application des lois de concrétisation des droits fondamentaux. Cependant, certaines exceptions notables doivent être mentionnées.

a) Les habilitations législatives

Les ***habilitations législatives*** en France découlent de la pratique des décrets-lois sous la IIIe République. N'étant soumis à aucune contrainte, ce mode de délégation abusive du pouvoir législatif devient courant. Ceci est d'autant plus aisé que les lois constitutionnelles de 1875 n'interdisent pas cette pratique. Néanmoins, elle apparaît inconstitutionnelle dans la mesure où ce n'est pas le Parlement qui détient la puissance législative, mais le peuple qu'il représente.

Cette inconstitutionnalité est affirmée par l'article 13 de la Constitution de 1946. Cette disposition n'a aucun effet : la coutume *contra legem* s'impose. Les habilitations législatives sont ainsi très nombreuses, notamment lors des périodes exceptionnelles. Par exemple, la loi du 16 mars 1956 donne au gouvernement des pouvoirs très étendus en Algérie.

Dans la Constitution de 1958, l'article 92 autorise le gouvernement à prendre des ordonnances ayant force de loi pour la mise en place des institutions. Des textes relatifs aux libertés ont ainsi été adoptés sous la forme d'ordonnances, comme celle du 23 décembre 1958 modifiant des règles de droit pénal. En outre, l'article 38 de la Constitution de 1958 autorise le gouvernement à prendre des ordonnances dans des domaines qui relèvent normalement de la compétence législative. Ces mesures sont prises pour l'exécution de son programme, pendant un délai limité, et sur habilitation du Parlement. Les ordonnances sont adoptées en Conseil des ministres après avis du Conseil d'État. Un projet de loi de ratification doit être déposé et voté, conférant à ces mesures un caractère législatif. De nombreuses conditions entourent l'adoption des ordonnances, mais leur intervention dans le domaine des droits pose le problème du respect de la réserve de la loi.

En effet, cette habilitation du gouvernement à prendre des mesures relevant normalement du domaine de la loi entraîne une immixtion de l'exécutif dans les matières réservées au législateur, parmi lesquelles figure l'exercice des libertés publiques. Par exemple, la loi du 4 février 1960 autorise le gouvernement à modifier le Code pénal et le Code de justice militaire pour faciliter la poursuite de certaines infractions, mais aussi allonger les délais de garde à vue. L'ordonnance du 13 février 1960 est prise sur cette habilitation, ainsi que d'autres ordonnances sur les garanties de la sûreté, la propriété et la liberté d'association.

Cependant, si une habilitation est accordée dans ce domaine, un contrôle peut être effectué par le Conseil constitutionnel, portant sur les lois de ratification des ordonnances.

b) Les pouvoirs exceptionnels de l'article 16 de la Constitution

Le président de la République peut prendre des mesures entrant dans le domaine de la loi lorsqu'il exerce les pouvoirs qu'il tient de l'***article 16***. En vigueur du 24 avril au 30 septembre 1961, les pouvoirs exceptionnels ont permis l'adoption de nombreuses mesures relatives aux droits des individus. Il en est ainsi de l'extension à 15 jours du délai de garde à vue par la décision du 24 avril, de la suspension de la règle de l'inamovibilité des magistrats du siège par la décision du 26 avril, ou de la création d'un Haut tribunal militaire d'exception le 27 avril. Si l'avis du Conseil constitutionnel est requis pour chaque décision, il est secret et non contraignant. De plus, un recours formé devant le Conseil d'État à l'encontre des mesures présidentielles n'est pas recevable lorsqu'elles sont prises dans le domaine de la loi. L'immunité juridictionnelle de ces mesures pose un problème de constitutionnalité encore non résolu aujourd'hui.

Néanmoins, si l'on excepte les mesures exceptionnelles de l'article 16, les actes du pouvoir exécutif dans le domaine des droits fondamentaux sont contrôlés, et leur empiétement sur ces droits est encadré.

Les garanties des libertés fondamentales

PARTIE 2

La garantie juridictionnelle nationale

Chapitre 3

Les juges nationaux qui protègent les droits fondamentaux sont de deux types : d'une part, les juges constitutionnels peuvent censurer une loi contraire aux droits fondamentaux, mais d'autre part, les juges ordinaires peuvent également sanctionner des atteintes aux droits fondamentaux à l'occasion de recours individuels en matière civile, pénale ou administrative. À cette occasion, les individus bénéficient ainsi de nombreux moyens permettant de faire valoir leurs libertés devant la justice.

1 La garantie du juge constitutionnel

La doctrine distingue deux modèles de justice constitutionnelle, l'un développé aux États-Unis au XIXe siècle, l'autre né en Europe au XXe siècle. Si la plupart des pays européens présentent une justice constitutionnelle qui mélange aujourd'hui les deux modèles, la France est pendant longtemps restée fidèle au modèle originel.

■ *Les modèles de justice constitutionnelle*

Les modèles de justice constitutionnelle, le modèle américain et le modèle européen, présentent des caractéristiques opposées.

a) Le modèle américain

Le ***contrôle de constitutionnalité américain*** est explicité dans l'arrêt *Marbury c/Madison* de la Cour suprême des États-Unis en 1803. Tout juge ordinaire peut examiner la conformité d'une loi par rapport à la Constitution : il s'agit d'un contrôle déconcentré. Ce contrôle s'effectue à l'occasion d'un litige : il s'agit d'un contrôle concret. La loi n'est pas attaquée directement, mais c'est un acte d'application de la loi qui est attaqué : c'est un contrôle par voie d'exception.

La loi est déjà entrée en vigueur : il s'agit d'un contrôle *a posteriori*, après la promulgation de la loi. Quant aux effets du contrôle, ils ne valent que pour les parties au litige (effet relatif), et la loi n'est pas censurée, retirée de l'ordre juridique, elle est seulement écartée pour le litige en question.

b) Le modèle européen

Dans le ***modèle européen***, le contrôle de constitutionnalité est théorisé par Hans Kelsen, dans son projet de Constitution pour l'Autriche en 1920. Seul le juge constitutionnel peut examiner la conformité d'une loi par rapport à la Constitution : il s'agit d'un contrôle centralisé.

Le contrôle est abstrait, car il n'est pas effectué à l'occasion d'un litige, mais la conformité de la loi à la Constitution est examinée en elle-même. La loi est attaquée directement, il s'agit d'un contrôle par voie d'action. La loi n'est pas encore entrée en vigueur : il s'agit d'un contrôle *a priori,* avant la promulgation. Quant aux effets du contrôle, ils valent pour tous (effet *erga omnes*), et la loi ne peut intégrer l'ordre juridique.

Notons qu'aujourd'hui, la plupart des pays européens ne respectent plus cette distinction entre les modèles. Par exemple, en Allemagne, la Cour constitutionnelle fédérale traite de recours concrets sur renvoi des juridictions ordinaires, de recours abstraits *a posteriori*, mais aussi de recours directs en cas de violation des droits fondamentaux.

■ *Le contrôle de constitutionnalité en France*

a) Historique du contrôle de constitutionnalité

Le contrôle de constitutionnalité en France n'existe véritablement qu'à partir de 1958, même si l'idée est en germe depuis la Révolution. C'est à l'occasion de la rédaction de la Constitution de l'an III que Sieyès propose la création d'une « *jurie constitutionnaire* » de 108 membres. Chargée du contrôle de constitutionnalité des lois, elle devait également proposer des réformes constitutionnelles et former un « *jury d'équité naturelle* » qui tranche des litiges heurtant la conscience des magistrats. Néanmoins, la question du contrôle de ce gardien des institutions et la crainte d'un gouvernement des juges empêchent de finaliser cette idée.

C'est donc sous une forme peu développée que se présente le contrôle de constitutionnalité jusqu'en 1958. Historiquement, le Sénat, doté de pouvoirs spécifiques (Constitutions de l'an VIII et de 1852), a déjà eu la possibilité de contester une loi. Mais c'est en 1946 que la Constitution crée un Comité constitutionnel. Composé de treize membres (le président de la République, le président de l'Assemblée nationale, le président du Conseil de la République et dix personnalités élues par les assemblées), le Comité doit décider si une loi votée par l'Assemblée nationale suppose une révision de la Constitution. Les normes de référence ne comprennent pas le Préambule : le Comité ne peut s'opposer à une loi contraire aux droits de la Constitution. De plus, les conditions de saisine sont strictes : une saisine conjointe du président de la République et du Conseil de la République est nécessaire, si bien que le Comité n'a été saisi qu'une seule fois.

La Constitution de 1958 instaure donc un contrôle de constitutionnalité inédit dans sa forme. L'article 61 traite des recours devant le Conseil constitutionnel contre la loi votée, qui sont formés *a priori*, c'est-à-dire avant la promulgation de la loi. Les saisissants sont le président de la République, le Premier ministre, les présidents de l'Assemblée nationale et du Sénat, et 60 députés ou 60 sénateurs, depuis la révision constitutionnelle du 29 octobre 1974. Aucune contestation de la loi n'est possible sur la base de son inconstitutionnalité après son entrée en vigueur, et la liste des requérants se résume à celle prévue par la Constitution, malgré les nombreuses voix élevées en faveur de l'élargissement de la catégorie des titulaires du droit de saisine.

b) La réforme du contrôle de constitutionnalité en 2008

En 1990, une réforme du contrôle de constitutionnalité avait été envisagée par le gouvernement. Il était ainsi prévu que « *les dispositions de loi qui concernent les droits fondamentaux reconnus à toute personne par la Constitution peuvent être soumises au Conseil constitutionnel par voie d'exception à l'occasion d'une instance en cours devant une juridiction* ». Le Conseil constitutionnel aurait alors pu être saisi par le Conseil d'État ou la Cour de cassation. Le renvoi à ces deux Hautes juridictions est effectué par toute juridiction administrative ou judiciaire. Cette étape permet de vérifier que la contestation présente un caractère sérieux. Il s'agit donc d'un système de double filtrage. La procédure prévue devant le Conseil constitutionnel est innovante, car le principe du contradictoire doit être respecté. La loi en question, si elle est déclarée inconstitutionnelle, cesse alors d'être applicable, et ne peut régir les procédures en cours. Toutefois, l'opposition du Sénat ne permet pas l'avancement de la discussion sur la réforme, et la fin de la session empêche la poursuite de l'examen du texte.

La volonté d'instaurer un recours ouvert aux individus est largement partagée, mais celui-ci n'intègre l'arsenal juridique permettant de contrôler la conformité des lois par rapport aux droits fondamentaux qu'en 2008. La loi constitutionnelle du 23 juillet 2008 prévoit en effet que lorsque, « *à l'occasion d'une instance en cours devant une juridiction, il est soutenu qu'une disposition législative porte atteinte aux droits et libertés que la Constitution garantit, le Conseil constitutionnel peut être saisi de cette question sur renvoi du Conseil d'État ou de la Cour de cassation* » (Const., art. 61-1).

La loi organique du 10 décembre 2009 traite de la procédure, dénommée pour la première fois « *question prioritaire de constitutionnalité* », qui peut être présentée à partir du 1er mars 2010. Cette question peut être soulevée devant toute juridiction d'instruction, de jugement, spécialisée ou de droit commun, relevant du Conseil d'État ou de la Cour de cassation (ce qui exclut notamment le Tribunal des conflits). Une condition de recevabilité formelle est posée : la question doit être présentée dans un écrit distinct et motivé. Seule une partie peut soulever le moyen d'inconstitutionnalité, et non le juge. Le juge doit alors statuer « *sans délai* » sur la transmission de la question prioritaire au Conseil d'État ou à la Cour de cassation, mais certaines conditions sont posées par la loi organique :

- « *1° La disposition contestée est applicable au litige ou à la procédure, ou constitue le fondement des poursuites* ». En vertu de cette condition, le Conseil constitutionnel a déjà jugé qu'il ne pouvait être valablement saisi de l'intégralité d'une loi, portant en l'occurrence sur le régime juridique d'une imposition dans son ensemble, mais que seules les dispositions applicables au litige pouvaient faire l'objet d'une saisine (*décision n° 2013-334/335 QPC du 26 juillet 2013, Société Somaf et autre [Loi relative à l'octroi de mer]*) ;
- « 2° *[La disposition] n'a pas déjà été déclarée conforme à la Constitution dans les motifs et le dispositif d'une décision du Conseil constitutionnel, sauf changement des circonstances* ». Ce changement de circonstances a déjà été admis par le Conseil constitutionnel à propos de la législation sur la garde à vue dans la décision n° 2010-14 QPC du 30 juillet 2010 (*M. Daniel W. et autres [Garde à vue]*) ;
- « *3° La question n'est pas dépourvue de caractère sérieux* ». Les hautes juridictions exercent également un rôle de filtre puisque la question est transmise au Conseil constitutionnel si les deux premières conditions sont remplies, mais également si « *la question est nouvelle ou présente un caractère sérieux* », ce qui est plus exigeant.

La loi organique fixe enfin un délai de trois mois au Conseil constitutionnel pour statuer. La procédure devant le Conseil a été modifiée, puisque :

- les parties peuvent présenter contradictoirement leurs observations ;
- l'audience est publique, sauf exception (liée par exemple à la sauvegarde de l'ordre public ou à la protection du respect de la vie privée des parties).

L'article 62 modifié indique en outre qu'une disposition déclarée inconstitutionnelle sur le fondement de l'article 61-1 est abrogée à compter de la décision du Conseil constitutionnel ou d'une date ultérieure fixée par la décision.

La nouvelle procédure est un succès puisque près de 630 décisions ont déjà été rendues au début de l'année 2017. Par ailleurs, certaines ont été à l'origine de réformes en profondeur de larges aspects du droit, comme celui de la garde à vue (décision précitée, ayant notamment entraîné l'adoption de la loi du 14 avril 2011 sur la garde à vue), ou celui de l'hospitalisation sans consentement (*décisions n° 2010-71 QPC du 26 novembre 2010 et n° 2011-135/140 QPC du 9 juin 2011, ayant entraîné l'adoption de la loi du 5 juillet 2011 relative aux droits et à la protection des personnes faisant l'objet de soins psychiatriques et aux modalités de leur prise en charge*).

2 La garantie du juge ordinaire

Le juge ordinaire n'est pas exclu de la protection des libertés fondamentales. D'une part en effet, le juge ordinaire est le juge de droit commun de l'application du droit de l'Union européenne. À ce titre, il fait prévaloir les droits fondamentaux de l'Union sur les lois et règlements nationaux. Il en est de même s'agissant de la Convention européenne des droits de l'homme. L'article 55 de la Constitution française énonçant la supériorité des traités sur les lois, le juge ordinaire doit la faire prévaloir sur toute loi incompatible (*arrêts de la Cour de cassation, Jacques Vabre et du Conseil d'État, Nicolo*).

Mais le juge ordinaire peut intervenir à d'autres titres : le dualisme juridictionnel résultant des lois des 16 et 24 août 1790 et du décret du 16 fructidor an III a pour conséquence un partage des compétences entre juge administratif et juge judiciaire en matière de libertés. Si le juge judiciaire est le gardien de la liberté individuelle d'après la Constitution, la compétence du juge administratif n'en reste pas moins très étendue.

■ *Le juge judiciaire, gardien de la liberté individuelle*

L'article 66 de la Constitution prévoit que nul ne peut être arbitrairement détenu, et que l'autorité judiciaire, gardienne de la liberté individuelle, assure le respect de ce principe. Il résulte de cette disposition qu'un magistrat du siège doit autoriser les atteintes substantielles à la liberté, telle la prolongation d'une garde à vue (*décision du Conseil constitutionnel n° 81-127 DC du 20 janvier 1981, loi renforçant la sécurité et protégeant la liberté des personnes*). Cependant, la compétence des magistrats du siège est concurrencée par celle des magistrats du Parquet, qui interviennent également très souvent en cas d'atteinte à la liberté individuelle (par exemple pour autoriser les fouilles de véhicules).

Cet état du droit ne semble toutefois pas compatible avec la Convention européenne des droits de l'homme, car la Cour européenne indique bien dans un arrêt du 29 mars 2010 (*Medvedyev c/ France*) que le contrôle juridictionnel de la détention doit être effectué par un magistrat qui « *doit présenter les garanties requises d'indépendance à l'égard de l'exécutif et des parties, ce qui exclut notamment qu'il puisse agir par la suite contre le requérant dans la procédure pénale, à l'instar du ministère public* ».

L'article 136 du Code de procédure pénale dispose en outre que les atteintes portées à la liberté individuelle et au domicile sont sanctionnées par le juge judiciaire. Cet îlot de compétence est illustré notamment par la théorie jurisprudentielle de la voie de fait, récemment rénovée par le Tribunal des conflits (*T. confl., 17 juin 2013, Bergoend*) : « *il n'y a voie de fait de la part de l'administration, justifiant, par exception au principe de séparation des autorités administratives et judiciaires, la compétence des juridictions de l'ordre judiciaire pour en ordonner la cessation ou la réparation, que dans la mesure où l'administration soit a procédé à l'exécution forcée, dans des conditions irrégulières, d'une décision, même régulière, portant atteinte à la liberté individuelle ou aboutissant à l'extinction d'un droit de propriété, soit a pris une décision qui a les mêmes effets d'atteinte à la liberté individuelle ou d'extinction d'un droit de propriété et qui est manifestement insusceptible d'être rattachée à un pouvoir appartenant à l'autorité administrative* ».

En revanche l'emprise (atteinte à la propriété privée) relève désormais du juge administratif (*T. confl., 9 décembre 2013*) : « *dans le cas d'une décision administrative portant atteinte à la propriété privée, le juge administratif, compétent pour statuer sur le recours en annulation d'une telle décision et, le cas échéant, pour adresser des injonctions à l'administration, l'est également pour connaître de conclusions tendant à la réparation des conséquences dommageables de cette décision administrative, hormis le cas où elle aurait pour effet l'extinction du droit de propriété* ».

En outre, le Conseil constitutionnel associe la liberté individuelle aux libertés familiales ou du mariage, ce qui rejoint la compétence « par nature » attribuée au juge judiciaire en matière d'état des personnes. La loi donne ainsi compétence au juge judiciaire en matière de mariage, filiation, nationalité ou capacité.

■ *Le rôle du juge administratif dans la protection des libertés*

Le juge administratif peut statuer en matière de libertés à l'occasion d'un recours pour excès de pouvoir, permettant d'annuler un acte administratif s'il n'est pas conforme aux normes supérieures régissant les libertés. Aussi, la technique des principes généraux du droit lui a permis d'imposer le respect au pouvoir réglementaire de droits et libertés spécifiques en droit administratif, comme l'égalité devant le service public (*CE, 9 mars 1951, Société des concerts du conservatoire*) ou les droits de la défense en matière administrative (*CE, 26 octobre 1945, Aramu*).

La réduction de la catégorie des mesures d'ordre intérieur permet de soumettre au juge administratif un grand nombre de dispositions attentatoires aux libertés, par exemple en prison (*arrêt CE, 14 décembre 2007, Boussouar*).

En outre, le juge administratif est compétent pour statuer en urgence dans le cadre de l'article L. 521-2 du Code de justice administrative, ou procédure de référé-liberté : « *Saisi d'une demande en ce sens justifiée par l'urgence, le juge des référés peut ordonner toutes mesures nécessaires à la sauvegarde d'une liberté fondamentale à laquelle une personne morale de droit public ou un organisme de droit privé chargé de la gestion d'un service public aurait porté, dans l'exercice de ses pouvoirs, une atteinte grave et manifestement illégale. Le juge des référés se prononce dans un délai de quarante-huit heures* ».

La notion de liberté fondamentale a été délimitée au cas par cas par le juge administratif. Sont par exemple inclus, le droit au respect de la vie (*CE, 16 novembre 2011, Ville de Paris et Société d'économie mixte PariSeine*), l'interdiction des traitements inhumains ou dégradants (*CE ord. 23 novembre 2015, Ministre de l'Intérieur c/Commune de Calais, affaire de la « jungle de Calais »*), le droit au logement d'urgence des personnes sans abri (*CE ord., 10 février 2012, Karamoko Fofana c/Ministre des solidarités et de la cohésion sociale*), le droit d'asile (*CE ord., 12 janvier 2001, Hyacinthe*), la liberté religieuse (*CE ord., 9 novembre 2015, Association musulmane El Fath*, à propos du refus d'ouvrir une mosquée), la liberté d'expression (*CE, 18 janvier 2001, Commune de Venelles*), ou encore le droit à la scolarisation d'un enfant handicapé (*CE, 15 décembre 2010, Ministre de l'éducation nationale, de la recherche et de la vie associative*).

3 Les droits applicables à la garantie juridictionnelle

Le juge est donc le garant des libertés fondamentales, mais ne saurait l'être que si certaines obligations procédurales sont respectées. Le droit au recours et le droit au procès équitable sont les deux garanties formelles de la protection juridictionnelle des libertés.

■ *Le droit au recours*

Le droit au recours permet de faire valoir ses droits devant un juge. En cela, il s'agit d'une garantie essentielle des libertés fondamentales.

La Convention européenne des droits de l'homme proclame ainsi dans son article 13 le droit à un recours effectif : « *Toute personne dont les droits et libertés reconnus dans la présente Convention ont été violés, a droit à l'octroi d'un recours effectif devant une instance nationale, alors même que la violation aurait été commise par des personnes agissant dans l'exercice de leurs fonctions officielles* ».

Les recours exercés en droit interne doivent être effectifs, dans le cas contraire la condition de l'épuisement des voies de recours internes avant la saisine du juge européen n'est pas exigée. Ceci signifie que le recours doit être suffisamment accessible pour les victimes des violations de leurs droits, ce qui exclut les procédures trop complexes. Par exemple, la Cour européenne estime qu'en France, la dualité des juridictions (administrative et judiciaire) compétentes en matière d'hospitalisation d'office ne respecte pas le droit au recours effectif (*CEDH, 18 novembre 2010, MB c/France*). En outre, si l'article 6 de la Convention n'est pas respecté (par exemple s'agissant de la durée raisonnable de la procédure), le droit interne doit permettre un recours donnant lieu à réparation sur ce fondement (*CEDH, 26 octobre 2000, Kudla c/Pologne*).

Néanmoins, la Cour européenne des droits de l'homme admet parfois que le droit national puisse exclure tout recours dans certains cas. Par exemple, la Cour s'est prononcée sur la compatibilité avec la Convention de l'absence de recours contre des propos parlementaires protégés par une immunité lorsqu'ils sont prononcés dans l'enceinte de l'assemblée. La Cour estime que l'impossibilité pour un individu d'attaquer l'auteur de propos diffamatoires exprimés au Parlement est justifiée par un but légitime de protection du libre débat au Parlement et de séparation des pouvoirs entre le législateur et la justice (*CEDH, 17 décembre 2002, A. c/Royaume-Uni*). De plus, ce moyen est proportionné au but poursuivi, car la liberté d'expression est un impératif pour tous, et spécialement pour les représentants.

Il en est de même s'agissant de l'absence de recours contre le rapport d'une commission d'enquête formée par le gouvernement. Dans l'arrêt *Al Fayed contre Royaume-Uni* du 21 septembre 1994, la Cour se prononce sur le droit au recours contre le rapport de cette commission. Pour la Cour, le droit d'accès aux tribunaux n'est pas absolu, car il appelle par sa nature même une réglementation de l'État. Cependant, ces limitations sont soumises au contrôle juridictionnel de la Cour qui doit rechercher si elles sont proportionnées et légitimes. La Cour estime qu'en l'espèce, la restriction est proportionnée par rapport à ses finalités dans la mesure où les conditions dans lesquelles l'enquête a été conduite offrent de nombreuses garanties d'impartialité et où l'intérêt public en cause justifie que les enquêteurs puissent travailler de manière indépendante et sans crainte des recours juridictionnels. Ce sont donc les garanties de sérieux et d'impartialité qui justifient en l'espèce une absence de recours.

Protégé en droit européen, le droit au recours a également une valeur constitutionnelle car il est rattaché à l'article 16 de la Déclaration des droits de l'homme ; il permet ainsi d'assurer la garantie des droits constitutionnellement protégés (*décision n° 93-325 DC du 13 août 1993, loi relative à la maîtrise de l'immigration et aux conditions d'entrée, d'accueil et de séjour des étrangers en France*).

Le droit au recours ne fait toutefois pas obstacle à l'instauration de « droits de timbre » (contribution pour l'aide juridique de 35 euros et droit de 150 euros dus par les parties à l'appel), jugés conformes à la Constitution (*décision du Conseil constitutionnel n° 2012-231/234 QPC du 13 avril 2012, M. Stéphane C. et autres [Contribution pour l'aide juridique de 35 euros par instance et droit de 150 euros dus par les parties à l'instance d'appel]*).

De même, les formalités très strictes pour attaquer un organe de presse en cas d'injure ou de diffamation assurent une conciliation qui n'est pas déséquilibrée entre, d'une part, le droit à un recours juridictionnel du demandeur et, d'autre part, la protection constitutionnelle de la liberté d'expression et le respect des droits de la défense (*décision n° 2013-311 QPC du 17 mai 2013, Société Écocert France [Formalités de l'acte introductif d'instance en matière de presse]*). À peine de nullité, la citation doit préciser et qualifier le fait incriminé, indiquer le texte de loi applicable et contenir l'élection du domicile dans la ville où siège la juridiction saisie. Enfin, l'assignation doit être notifiée au prévenu et au Ministère public.

■ *Le droit au procès équitable*

Le droit au procès équitable est principalement consacré par l'article 6 de la Convention européenne des droits de l'homme. Le droit constitutionnel français quant à lui reconnaît avant tout des droits à l'accusé en matière pénale.

a) Champ d'application

L'article 6 de la Convention européenne des droits de l'homme ne s'applique pas à toute procédure juridictionnelle, mais présente un champ d'application limité : « *Toute personne a droit à ce que sa cause soit entendue équitablement, publiquement et dans un délai raisonnable, par un tribunal indépendant et impartial, établi par la loi, qui décidera, soit des contestations sur ses droits et obligations de caractère civil, soit du bien-fondé de toute accusation en matière pénale dirigée contre elle* ».

Aussi, la Cour européenne a donné aux notions de ***droits et obligations de caractère civil, et d'accusation en matière pénale***, une signification autonome, indépendante des qualifications nationales. Par exemple, en France, les sanctions fiscales (majorations d'impôts) infligées par l'administration s'apparentent malgré leur similitude avec les sanctions administratives, à des accusations de caractère pénal. En effet, elles se fondent, selon la Cour, sur une norme de caractère général dont le but est à la fois préventif et répressif (*CEDH, 24 février 1994, Bendenoun c/ France*). De même, des sanctions disciplinaires peuvent s'apparenter à des sanctions pénales comme dans l'arrêt du 8 juin 1976, *Engel et autres c/Pays-Bas* (en l'espèce, il s'agissait d'une peine privative de liberté). L'État ne peut donc échapper à l'application de l'article 6 en qualifiant autrement une sanction de nature pénale.

S'agissant des obligations de caractère civil, la Cour considère qu'il s'agit d'obligations de droit privé, qui ont un caractère patrimonial (*CEDH, 26 mars 1992, Éditions Périscope*). Peu importe que le litige relève en droit interne du droit social (*CEDH, 6 mai 1981, Buchholz c/Allemagne*) ou du droit administratif (*CEDH, 16 décembre 1992, Geouffre de la Pradelle c/France concernant le droit de l'expropriation*).

S'agissant du droit de la fonction publique, le critère du droit patrimonial fut également appliqué, avant de devenir un critère fonctionnel. La Cour européenne a ainsi jugé que l'article 6 ne s'applique pas aux litiges entre l'État et ses agents publics dont l'emploi est caractéristique des activités spécifiques de l'administration publique dans la mesure où celle-ci agit comme détentrice de la puissance publique chargée de la sauvegarde des intérêts généraux de l'État ou des autres collectivités publiques (*CEDH, 8 décembre 1999, Pellegrin c/France*).

Cette jurisprudence complexe a été abandonnée en 2007 (*CEDH, 19 avril 2007, Vilho Eskelinen et autres c/Finlande*) : désormais « *pour que l'État défendeur puisse devant la Cour invoquer le statut de fonctionnaire d'un requérant afin de le soustraire à la protection offerte par l'article 6, deux conditions doivent être remplies. En premier lieu, le droit interne de l'État concerné doit avoir expressément exclu l'accès à un tribunal s'agissant du poste ou de la catégorie de salariés en question. En second lieu, cette dérogation doit reposer sur des motifs objectifs liés à l'intérêt de l'État. Le simple fait que l'intéressé relève d'un secteur ou d'un service qui participe à l'exercice de la puissance publique n'est pas en soi déterminant. Pour que l'exclusion soit justifiée, il ne suffit pas que l'État démontre que le fonctionnaire en question participe à l'exercice de la puissance publique. Il faut aussi que l'État montre que l'objet du litige est lié à l'exercice de l'autorité étatique ou remet en cause le lien spécial susmentionné* ».

En outre, la Cour interprète la notion de ***tribunal*** de manière autonome. Ainsi, un organe administratif qui inflige des sanctions doit respecter les exigences de l'article 6 même s'il ne s'agit pas à proprement parler d'une juridiction en droit interne (*CEDH, 23 juin 1981, Le Compte, Van Leuven et De Meyere c/Belgique*). Un tribunal statuant en matière constitutionnelle est également soumis aux exigences de l'article 6 (*CEDH, 23 juin 1993, Ruiz-Mateos c/Espagne*).

b) Garanties générales

L'article 6 de la Convention européenne des droits de l'homme inclut de nombreuses garanties au profit du justiciable :

- la ***cause doit être entendue équitablement***. Il s'agit tout d'abord du principe de l'***égalité des armes***, qui suppose que chacune des parties à l'instance ait une possibilité raisonnable de présenter sa cause dans des conditions qui ne la désavantagent pas par rapport à la partie adverse (*CEDH, 7 juin 2001, Kress c/France*). Par exemple, la règle de preuve qui interdit d'entendre une partie comme témoin dans sa propre cause a pour conséquence de placer le requérant dans une situation de net désavantage par rapport à l'autre partie, et viole de ce fait l'article 6 (*CEDH, 27 octobre 1993, Dombo Beheer B. V. c/Pays-Bas*). De même, la participation au délibéré du Ministère public (avocat général près la Cour de cassation par exemple, ou rapporteur public au Conseil d'État, anciennement commissaire du gouvernement) n'est pas conforme au principe d'égalité des armes, car il a une opinion sur le litige, de ce fait, il a l'« *apparence d'une partie* » (arrêt *Kress*, précité). Il s'agit également du principe du ***contradictoire***, qui implique le droit de se voir communiquer et de discuter toute pièce présentée au juge. S'agissant des conclusions du Ministère public qui interviennent théoriquement à l'issue des débats sans qu'une réponse ne puisse y être apportée, la Cour estime qu'elles doivent être soumises au principe du contradictoire (*CEDH, 20 février 1996, Vermeulen c/Belgique*). Le principe du contradictoire peut néanmoins être écarté dans des cas exceptionnels, par exemple lorsque le secret-défense empêche la communication de certains documents (*CE, 8 février 2017, dans le cas du contentieux de l'accès aux fichiers de renseignement prévu par la loi Renseignement du 24 juillet 2015*) ;

– la ***publicité*** signifie que les débats mais aussi le prononcé de l'arrêt, doivent être menés en présence du public. Cependant, la Cour européenne a une conception tolérante de cette exigence, puisqu'elle apprécie la condition de publicité pour l'ensemble de la procédure, de la première à la dernière instance. Ainsi, si les juridictions de première instance et d'appel ont entendu la cause en public, mais que la Cour de cassation a rejeté le pourvoi sans audience et sans prononcé public, l'article 6 n'est pas pour autant bafoué lorsque l'on considère l'ensemble du procès (*CEDH, 8 décembre 1983, Axen c/Allemagne*) ;

– le ***délai raisonnable*** est quant à lui évalué en fonction de trois indices : la complexité de l'affaire, le comportement du requérant et le comportement de l'État. Si l'état de santé du requérant nécessite une particulière célérité, le délai raisonnable se trouve réduit (*CEDH, 31 mars 1992, X. c/France*) ; de même, l'appréciation du délai raisonnable est plus stricte en matière pénale (*CEDH, 10 novembre 1969, Stögmüller c/Autriche*) ou lorsque certains droits sont en cause, par exemple le droit au respect de la vie familiale (*CEDH, 18 février 1999, Laino c/Italie à propos d'une procédure de garde d'enfants*). La France est fréquemment condamnée pour violation du délai raisonnable (par exemple : *CEDH, 14 octobre 2010, Veriter c/France*) ;

– l'***impartialité*** peut être définie comme l'absence d'idée préconçue sur l'affaire. Cette impartialité peut être mise en doute lorsqu'un juge a déjà étudié une affaire à l'occasion de l'exercice d'autres fonctions. Notamment, le cumul de fonctions consultatives et juridictionnelles est sanctionné par la Cour, concernant par exemple le Conseil d'État luxembourgeois (*CEDH, 28 septembre 1995, Procola c/Luxembourg* : « *La Cour constate qu'il y a eu confusion, dans le chef de quatre conseillers d'État, de fonctions consultatives et de fonctions juridictionnelles. Dans le cadre d'une institution telle que le Conseil d'État luxembourgeois, le seul fait que certaines personnes exercent successivement, à propos des mêmes décisions, les deux types de fonctions, est de nature à mettre en cause l'impartialité structurelle de ladite institution* »). Il en est de même s'agissant d'un magistrat ayant exercé à propos de la même affaire les fonctions de procureur et de président de cour d'assises (*CEDH, 1er octobre 1982, Piersack c/Belgique* : « *Pour que les tribunaux inspirent au public la confiance indispensable, il faut de surcroît tenir compte de considérations de caractère organique. Si un juge, après avoir occupé au parquet une charge de nature à l'amener à traiter un certain dossier dans le cadre de ses attributions, se trouve saisi de la même affaire comme magistrat du siège, les justiciables sont en droit de craindre qu'il n'offre pas assez de garanties d'impartialité* »), ou encore les fonctions de juge d'instruction et de président de tribunal pour enfants (*décision du Conseil constitutionnel n° 2011-147 QPC du 8 juillet 2011, M. Tarek J. [Composition du tribunal pour enfants]*) ;

- l'***indépendance*** est quant à elle plus objective, car elle suppose l'absence de pressions de la part d'un autre organe de l'État. Le pouvoir exécutif est évidemment visé, et le prononcé de la peine par le ministère de l'Intérieur au Royaume-Uni est par exemple manifestement incompatible avec l'exigence d'un tribunal indépendant (*CEDH, 16 décembre 1999, V. c/Royaume-Uni*). Il en est de même de l'appartenance de fonctionnaires (agents sous l'autorité du gouvernement) à une juridiction (*décision du Conseil constitutionnel n° 2010-10 QPC du 2 juillet 2010, Consorts C. et autres [Tribunaux maritimes commerciaux]*), ou de la soumission hiérarchique du procureur au ministre de la Justice en France (*CEDH, 29 mars 2010, Medvedyev c/France* ; *CEDH, 23 novembre 2010, Moulin c/France*). De même, un tribunal soumis à des instructions ou pressions de l'une des parties n'est pas indépendant. La Cour juge ainsi dans l'affaire *Sramek c/Autriche* du 22 octobre 1984 que « *dès lors qu'un tribunal compte parmi ses membres une personne se trouvant – comme en l'espèce – dans un état de subordination de fonctions et de services par rapport à l'une des parties, les justiciables peuvent légitimement douter de l'indépendance de cette personne. Pareille situation met gravement en cause la confiance que les juridictions se doivent d'inspirer dans une société démocratique* » ;
- la Cour a interprété l'article 6 de façon assez large, puisqu'aux côtés des garanties expressément mentionnées, elle concrétise également le ***droit d'accès à un tribunal*** ou droit « à un tribunal » (*CEDH, 21 février 1975, Golder c/Royaume-Uni*). Ceci signifie notamment que le coût de la procédure juridictionnelle ne doit pas être excessif (*CEDH, 9 octobre 1979, Airey c/Irlande*), ou que la procédure ne doit pas être trop complexe (*CEDH, 16 décembre 1992, Geouffre de la Pradelle c/France*). En outre, le ***droit à l'exécution des décisions de justice*** découle également de l'article 6 (*CEDH, 19 mars 1997, Hornsby c/Grèce*). Enfin, la Cour estime que certaines pratiques représentent une ***violation flagrante du procès équitable*** dans son ensemble, tel le recueil de preuves sous la torture (*CEDH, 17 janvier 2012, Othman (Abu Qatada) c/Royaume-Uni*).

c) Garanties bénéficiant à l'accusé en matière pénale

1) Le droit européen

En ***droit européen***, des garanties spécifiques sont accordées à l'individu accusé. Les paragraphes 2 et 3 de l'article 6 disposent ainsi que « *Toute personne accusée d'une infraction est présumée innocente jusqu'à ce que sa culpabilité ait été légalement établie.*

Tout accusé a droit notamment à :

a) être informé, dans le plus court délai, dans une langue qu'il comprend et d'une manière détaillée, de la nature et de la cause de l'accusation portée contre lui ;

b) disposer du temps et des facilités nécessaires à la préparation de sa défense ;

c) se défendre lui-même ou avoir l'assistance d'un défenseur de son choix et, s'il n'a pas les moyens de rémunérer un défenseur, pouvoir être assisté gratuitement par un avocat d'office, lorsque les intérêts de la justice l'exigent ;

d) interroger ou faire interroger les témoins à charge et obtenir la convocation et l'interrogation des témoins à décharge dans les mêmes conditions que les témoins à charge ;

e) se faire assister gratuitement d'un interprète, s'il ne comprend pas ou ne parle pas la langue employée à l'audience ».

En outre, l'article 7 de la Convention dispose : « *Nul ne peut être condamné pour une action ou une omission qui, au moment où elle a été commise, ne constituait pas une infraction d'après le droit national ou international. De même il n'est infligé aucune peine plus forte que celle qui était applicable au moment où l'infraction a été commise* ».

Ces garanties comprennent ainsi :

– le ***droit à la présomption d'innocence***. Les autorités doivent considérer l'accusé comme innocent jusqu'à ce que la preuve de sa culpabilité soit apportée. Par exemple, dans l'affaire *Allenet de Ribemont c/France* jugée le 10 février 1995, l'individu inculpé a été publiquement accusé d'être un assassin lors d'une conférence de presse du ministre de l'Intérieur et des autorités de police en charge de l'enquête. La Cour européenne estime qu'« *il s'agit là à l'évidence d'une déclaration de culpabilité qui, d'une part, incitait le public à croire en celle-ci et, de l'autre, préjugeait de l'appréciation des faits par les juges compétents* ». La violation de l'article 6, paragraphe 2 est donc évidente. Cette exigence s'applique également aux personnes privées, principalement les journalistes (*CEDH, 24 novembre 2005, Tourancheau et July c/France*) ;

– les ***droits de la défense***. Ils incluent le droit d'être informé de la nature des faits reprochés et de la qualification juridique de l'infraction dans une langue que l'accusé comprend et de manière détaillée. Par exemple, un citoyen allemand est condamné en Italie à cinq mois d'emprisonnement après avoir demandé une traduction des notifications envoyées par la justice italienne. L'article 6 est violé car les autorités judiciaires auraient dû donner suite à la demande de recevoir la communication dans sa langue maternelle (*CEDH, 19 décembre 1989, Brozicek c/ Italie*). Les droits de la défense incluent également l'assistance d'un défenseur. Dans l'affaire *Goddi c/Italie* jugée le 9 avril 1984 par exemple, le procès d'un individu se déroule sans la présence de son avocat car l'audience ne lui avait pas été notifiée. Un avocat commis d'office est certes présent, mais il n'a pas joui d'un temps suffisant pour étudier le dossier, préparer sa plaidoirie et prendre contact avec son client. Les droits de la défense ne sont donc pas respectés. Les droits de la défense comprennent enfin le droit d'interroger des témoins, et le principe d'égalité des armes exige un équilibre entre l'audition des témoins à charge et celle des témoins de la défense (*CEDH, 6 mai 1985, Bönisch c/Autriche*). Ces témoins peuvent certes être anonymes si les intimidations sont possibles, mais ces déclarations anonymes ne peuvent à elles seules justifier une condamnation (*CEDH, 20 novembre 1989, Kostovski c/Pays-Bas*) ;

- le ***droit à l'assistance d'un interprète***, qui implique que les frais de traduction sont à la charge de l'État, et non à la charge de l'accusé après le procès (*CEDH, 28 novembre 1978, Luedicke, Belkacem et Koç c/Allemagne*) ;
- le ***principe de légalité des délits et des peines***. Ce principe n'empêche cependant pas une interprétation judiciaire de la loi pénale. Par exemple, les juridictions britanniques ont interprété la loi récriminant le viol comme n'excluant pas le viol entre époux. La Cour européenne considère que même si cette éventualité n'est pas expressément prévue par la loi, cette interprétation est cohérente avec l'ensemble de la loi, et compatible avec l'objectif de protection de la dignité humaine poursuivi par la Convention (*CEDH, 22 novembre 1995, C. R. c/Royaume-Uni*) ;
- la ***non-rétroactivité des lois pénales*** ; en revanche, la rétroactivité des lois pénales plus douces est admise (*CEDH, 25 mai 1993, Kokkinakis c/Grèce*) ;
- enfin, l'article 4 du protocole n° 7 à la Convention consacre le ***principe non bis in idem*** : « *Nul ne peut être poursuivi ou puni pénalement par les juridictions du même État en raison d'une infraction pour laquelle il a déjà été acquitté ou condamné par un jugement définitif conformément à la loi et à la procédure pénale de cet État* », ce qui limite les possibilités de cumul des procédures administratives et pénales (*CEDH, 4 mars 2014, Grande Stevens et autres c/Italie*).

2) Le droit constitutionnel

En ***droit constitutionnel***, les garanties offertes à l'accusé découlent principalement de la Déclaration des droits de l'homme et du citoyen :

- ainsi, le principe de ***légalité des délits et des peines*** est prévu aux articles 7 et 8. En outre, l'article 34 de la Constitution retient la compétence du législateur pour la définition des crimes et délits. Ces articles impliquent la compétence législative, mais pas seulement : la loi doit en effet être suffisamment claire et précise, notamment dans la définition de l'infraction (pour la déclaration d'inconstitutionnalité du délit de harcèlement sexuel pour défaut de précision, voir la *décision du Conseil constitutionnel n° 2012-240 QPC du 4 mai 2012, M. Gérard D. [Définition du délit de harcèlement sexuel]*). Par ailleurs, cette délimitation des compétences n'a pas su prévenir certaines hésitations entraînant un empiétement du pouvoir réglementaire sur le domaine de la loi. Ainsi, en matière pénale, la question s'est posée à propos des contraventions comportant des peines privatives de liberté. Le Conseil constitutionnel ne se cantonne pas à l'article 34, et prend en compte d'autres sources normatives, comme l'article 66 de la Constitution, qui consacre l'autorité judiciaire en tant que gardienne des libertés individuelles, dans les conditions fixées par la loi. Ainsi, pour le Conseil constitutionnel dans une décision n° 73-80 L du 28 novembre 1973, « *il résulte des dispositions combinées du Préambule, des alinéas 3 et 5 de l'article 34 et de l'article 66 de la Constitution, que la détermination des contraventions et des peines qui leur sont applicables est du domaine réglementaire lorsque lesdites peines ne comportent pas de mesure privative de liberté* ». Cette décision revient sur l'interprétation initiale du juge constitutionnel (*décision n° 63-22 L du 19 février 1963*), qui va dans le même sens que la jurisprudence du Conseil d'État (*CE, 12 février 1960, Société Eky*). Cependant, le Conseil d'État ne peut censurer le règlement qui instaure une peine d'emprisonnement conformément à la loi, même inconstitutionnelle (*CE, 3 février 1978, CFDT et CGT*). Le législateur doit intervenir pour mettre fin à l'inconstitutionnalité : le nouveau Code pénal du 22 juillet 1992 supprime les contraventions privatives de liberté ;

– ensuite, l'article 8 de la Déclaration affirme que « *la loi ne doit établir que des peines strictement et évidemment nécessaires* ». Il s'agit du principe de proportionnalité ou de ***nécessité des peines***. Ainsi, dans la décision n° 96-377 DC du 16 juillet 1996 (*Loi tendant à renforcer la répression du terrorisme et des atteintes aux personnes dépositaires de l'autorité publique ou chargées d'une mission de service public et comportant des dispositions relatives à la police judiciaire*), le Conseil constitutionnel juge que « *le législateur a pu, compte tenu de l'objectif tendant à renforcer la lutte contre le terrorisme, prévoir la possibilité, pendant une durée limitée, pour l'autorité administrative de déchoir de la nationalité française ceux qui l'ont acquise, sans que la différence de traitement qui en résulte viole le principe d'égalité ; qu'en outre, eu égard à la gravité toute particulière que revêtent par nature les actes de terrorisme, cette sanction a pu être prévue sans méconnaître les exigences de l'article 8 de la Déclaration des droits de l'homme et du citoyen* ». En revanche, « *en retenant au titre des faits matériels pouvant constituer un acte préparatoire le fait de* « rechercher ... *des objets ou des substances de nature à créer un danger pour autrui* », *sans circonscrire les actes pouvant constituer une telle recherche dans le cadre d'une entreprise individuelle terroriste, le législateur a permis que soient réprimés des actes ne matérialisant pas, en eux-mêmes, la volonté de préparer une* *infraction* ». De ce fait, le législateur n'a pas respecté le principe de nécessité des peines (*décision n° 2017-625 QPC du 7 avril 2017, M. Amadou S. [Entreprise individuelle terroriste]*) ;

- le principe de nécessité des peines implique par ailleurs celui de l'***individualisation des peines***, lequel signifie qu'une peine ne puisse être appliquée que si le juge l'a expressément prononcée en tenant compte des circonstances propres à chaque espèce (s'agissant d'une peine complémentaire privative des droits civiques présentant un caractère automatique, voir la *décision n° 2011-211 QPC du 27 janvier 2012, M. Éric M. [Discipline des notaires]*) ;
- en outre, le principe de ***non-rétroactivité*** des lois pénales est affirmé à l'article 8 de la Déclaration, et comprend en revanche la rétroactivité des lois pénales plus douces. La décision n° 80-127 DC du 20 janvier 1981 sur la loi « Sécurité et Liberté » établit un lien entre rétroactivité des lois pénales plus douces et nécessité des peines : « *Le fait de ne pas appliquer aux infractions commises sous l'empire de la loi ancienne la loi pénale nouvelle, plus douce, revient à permettre au juge de prononcer les peines prévues par la loi ancienne et qui, selon l'appréciation même du législateur, ne sont plus nécessaires* » ;
- l'article 9 de la Déclaration proclame par ailleurs la ***présomption d'innocence***. Celle-ci implique que la culpabilité doit être démontrée par l'organe de poursuite, et qu'à défaut de cette preuve, la relaxe est inévitable (*décision n° 80-127 DC, précitée*). Cependant, dans la décision n° 99-411 DC du 16 juin 1999 relative à la loi sur la sécurité routière, le Conseil constitutionnel semble admettre une limite importante au principe constitutionnel de présomption d'innocence. Il s'agit des présomptions de culpabilité, qui font peser la charge de la preuve de leur innocence sur les accusés : « *En principe le législateur ne saurait instituer de présomption de culpabilité en matière répressive ; [...] toutefois, à titre exceptionnel, de telles présomptions peuvent être établies, notamment en matière contraventionnelle, dès lors qu'elles ne revêtent pas de caractère irréfragable, qu'est assuré le respect des droits de la défense et que les faits induisent raisonnablement la vraisemblance de l'imputabilité* » ;
- enfin, le principe ***non bis idem*** n'interdit pas en droit français le cumul de sanctions de nature différente, même si ce cumul connaît quelques limites (*décision n° 2016-546 QPC du 24 juin 2016, M. Jérôme C. [Pénalités fiscales pour insuffisance de déclaration et sanctions pénales pour fraude fiscale]*) : « *Selon l'article 8 de la Déclaration des droits de l'homme et du citoyen de 1789 : « La loi ne doit établir que des peines strictement et évidemment nécessaires et nul ne peut être puni qu'en vertu d'une loi établie et promulguée antérieurement au délit, et légalement appliquée ». Les principes ainsi énoncés ne concernent pas seulement les peines prononcées par les juridictions pénales mais s'étendent à toute sanction ayant le caractère d'une punition. Le principe de nécessité des délits et des peines ne fait pas obstacle à ce que les mêmes faits commis par une même personne puissent faire l'objet de poursuites différentes aux fins de sanctions de nature administrative ou pénale en application de corps de règles distincts. Si*

l'éventualité que deux procédures soient engagées peut conduire à un cumul de sanctions, le principe de proportionnalité implique qu'en tout état de cause le montant global des sanctions éventuellement prononcées ne dépasse pas le montant le plus élevé de l'une des sanctions encourues ».

La garantie juridictionnelle internationale

Chapitre 4

La garantie juridictionnelle internationale se compose s'agissant de la France du système du Conseil de l'Europe et du système de l'Union européenne. Il s'agit de mécanismes originaux, qui ont subi des évolutions importantes, matérielles et procédurales.

1 La garantie de la Cour européenne des droits de l'homme

La Cour européenne des droits de l'homme est aujourd'hui le seul organe du Conseil de l'Europe ayant des fonctions contentieuses, mais il n'en a pas toujours été ainsi.

■ *Une procédure de garantie modifiée en 1998*

a) Les étapes de la procédure avant 1998

La *première étape* de la procédure se déroulait devant la Commission européenne des droits de l'homme. Il s'agissait d'un organe composé d'autant de membres que d'États, élus par l'organe exécutif du Conseil de l'Europe, le Comité des ministres, composé des ministres des Affaires étrangères de tous les États membres. Deux types de recours pouvaient être formés devant la Commission. En premier lieu, la requête étatique est formée par un État partie à la Convention à l'encontre d'un autre État membre qui n'aurait pas respecté les droits de la Convention. En second lieu, la Commission pouvait également être saisie d'une requête individuelle d'une personne physique, mais aussi d'une organisation non gouvernementale ou d'un groupe de particuliers. Cette possibilité était soumise à l'acceptation du recours individuel par l'État.

La Commission servait d'organe de filtrage, car elle jugeait si la requête était recevable, tentait de trouver une solution amiable, et en cas d'échec rendait un rapport formulant un avis sur le fond. Les individus ne pouvaient donc saisir la Cour européenne directement.

La ***deuxième étape*** de la procédure faisait intervenir le Comité des ministres ou la Cour européenne sur saisine de la Commission. Si le Comité est saisi, celui-ci se prononce sur la violation de la Convention par des décisions obligatoires prises à la majorité des deux tiers. La Commission pouvait saisir la Cour européenne dans un délai de trois mois suivant la transmission du rapport au Comité des ministres. Dans ce cas, la Cour rendait un arrêt, et le Comité des ministres était chargé de son exécution.

b) La réforme de la procédure en 1998

La surcharge de travail des organes du Conseil de l'Europe notamment due à l'accroissement du nombre de membres, a entraîné l'adoption d'un protocole de réforme (protocole n° 11) signé le 11 mai 1994, puis ratifié par tous les États parties. Il est entré en vigueur le 1er novembre 1998.

Depuis cette date, la Commission n'existe plus, tout comme la compétence contentieuse du Comité des ministres. La Cour européenne peut être saisie directement, et devient le seul juge européen. Enfin, le droit de recours individuel n'est plus subordonné à l'acceptation d'une clause facultative : tout nouvel État partie accepte ainsi le recours individuel.

■ *Les caractéristiques de la procédure*

a) Organisation de la Cour

La Cour européenne siège à Strasbourg. Elle se compose d'un nombre de juges égal à celui des États Parties (47 en 2017). Leur nomination fait l'objet de la procédure suivante. Une liste de trois candidats est proposée par chaque État, en général par ordre de préférence. Les Parlements nationaux n'ont que rarement de droit de regard sur ces listes, qui sont établies par les exécutifs. Les trois candidats doivent présenter des qualités équivalentes, afin d'éviter de favoriser un candidat. Si les candidats sont souvent professeurs de droit ou magistrats, la compétence relative aux droits de l'homme n'est pas exigée.

Après examen des listes par le Comité des ministres, l'Assemblée parlementaire du Conseil de l'Europe procède à l'élection des juges à la majorité des suffrages exprimés. Jusqu'à l'entrée en vigueur du protocole n° 14 le 1er juin 2010 (V. *infra*), les juges étaient élus pour six ans renouvelables, ce qui semblait critiquable au regard de l'exigence d'indépendance des magistrats. En effet, un juge n'ayant pas satisfait aux demandes de son gouvernement ne sera pas présenté à nouveau en vue de sa réélection. Les juges sont dorénavant élus pour neuf ans non renouvelables.

Plusieurs formations existent au sein de la Cour :

- le ***juge unique*** : il est chargé de déclarer une requête irrecevable, « *lorsqu'une telle décision peut être prise sans examen complémentaire* ». Il s'agit d'une nouveauté mise en place par le protocole n° 14. Quelques garanties encadrent cette innovation : le juge est assisté de rapporteurs, et il ne peut examiner une affaire impliquant l'État au titre duquel il a été élu. En outre, en cas de doute, le juge unique peut renvoyer l'affaire à un comité de juges ou à une chambre. Le protocole n° 14 avait été adopté le 12 mai 2004 mais n'est entré en vigueur que lorsque tous les États membres du Conseil de l'Europe l'ont ratifié, et pendant longtemps la Russie y a fait obstacle. À défaut de pouvoir appliquer le protocole n° 14 en raison de l'opposition de la Russie, un protocole n° 14 *bis* avait été ouvert à la signature le 27 mai 2009, et était entré en vigueur après trois ratifications le 1er octobre 2009. Il permettait d'appliquer la procédure de juge unique aux seuls États qui avaient ratifié le protocole n° 14 *bis* ;
- les ***Comités*** : ils sont composés de trois juges. Ils exerçaient la mission de filtrage de l'ancienne Commission (V. *supra*). Ils pouvaient ainsi déclarer une requête irrecevable à l'unanimité. Aujourd'hui, ils peuvent déclarer les requêtes recevables et statuer sur le fond dans les affaires manifestement bien fondées et celles pour lesquelles existe une jurisprudence bien établie ;
- les ***Chambres*** : elles sont composées de sept juges ; il s'agit des formations de droit commun, auxquelles participe le juge de l'État partie au procès ;
- la ***Grande Chambre*** : composée de 17 juges et qui est une formation plus solennelle se réunissant pour des cas particuliers : lorsqu'une question grave est soulevée, relative à l'interprétation de la Convention ou dont la solution peut conduire à une contradiction avec un arrêt rendu antérieurement par la Cour. En outre, dans un délai de 3 mois à compter de la date de l'arrêt d'une Chambre, toute partie à l'affaire peut, dans des cas exceptionnels, demander le renvoi de l'affaire devant la Grande Chambre (Convention, art. 43). Cette demande est examinée par un collège de cinq juges de la Grande Chambre, et n'est retenue que si elle soulève une question grave relative à l'interprétation ou l'application de la Convention, ou une question grave d'intérêt général.

b) La saisine de la Cour

Les voies de recours sont toujours au nombre de deux :

- le ***recours étatique*** est jusqu'à présent très rare, les États craignant qu'une telle action se retourne contre eux. Une quinzaine de requêtes ont donné lieu à un nombre infime d'arrêts. Citons notamment l'arrêt *Irlande c/Royaume-Uni* du 18 janvier 1978 ;
- le ***recours individuel*** : il se compte en revanche en milliers chaque année. L'article 34 dispose : « *La Cour peut être saisie d'une requête par toute personne physique, toute organisation non*

gouvernementale ou tout groupe de particuliers qui se prétend victime d'une violation par l'une des Hautes Parties contractantes des droits reconnus dans la Convention ou ses protocoles ». Le recours direct depuis 1998 semble ainsi assez ouvert. Il n'y a pas de condition de nationalité : le recours peut être formé par tout individu relevant de la juridiction de l'État partie.

c) La recevabilité des requêtes

Les règles de recevabilité sont plus strictes depuis l'entrée en vigueur du protocole n° 14 le 1er juin 2010 :

- s'agissant du fond de la requête, celle-ci doit ***concerner la violation d'un droit garanti par la Convention***. La requête doit être introduite par une « ***victime*** » d'après l'article 34 de la Convention. Cette victime doit relever de la juridiction d'un État membre du Conseil de l'Europe, c'est-à-dire résider sur son territoire, ou encore être affectée par un acte de l'État même en dehors de son territoire. La Cour a, par exemple, admis la recevabilité d'une requête portant sur des actes commis en Irak par des militaires britanniques alors que le Royaume-Uni avait la charge du contrôle de la sécurité de la ville de Bassorah (*CEDH, 7 juillet 2011, Al-Skeini c/Royaume-Uni* et *Al-Jedda c/Royaume-Uni*) ;
- ensuite, le requérant doit avoir ***épuisé les voies de recours internes***, c'est-à-dire qu'il doit avoir saisi les juridictions nationales et accompli l'ensemble des voies de recours internes (les voies de recours telles l'appel ou la cassation) avant de saisir la Cour européenne. En effet, en vertu du principe de subsidiarité, il revient en premier lieu aux États d'essayer de réparer la violation des droits fondamentaux, la Cour européenne n'intervenant qu'en cas de carence ou d'insuffisance de la réparation. La Cour interprète également cette exigence de manière assez compréhensive, puisqu'elle apprécie de manière réaliste les recours offerts en droit interne, et admet des exceptions lorsque ceux-ci sont voués à l'échec ou lorsque les autorités nationales font preuve d'un manque de célérité manifeste ;
- en outre, le recours doit être formé dans ***un délai de six mois*** suivant la date de la décision interne définitive (le protocole n° 15 ouvert à la signature en juin 2013 mais non encore entré en vigueur porte ce délai à quatre mois) ;
- par ailleurs, le protocole n° 14 ajoute une quatrième condition de recevabilité qui vise à restreindre le nombre de requêtes. En effet, la Cour peut déclarer une requête irrecevable lorsque le requérant n'a subi aucun ***préjudice important*** si, au regard du respect des droits de l'homme, elle ne nécessite pas un examen au fond et ne soulève pas de questions sérieuses d'application ou d'interprétation de la Convention ou de questions importantes relatives au droit national (voir par exemple sur ce point l'arrêt *CEDH, 14 mars 2013, Eon c/France*) ;

– enfin, l'article 17 interdit l'***abus de droit*** dans l'invocation de la Convention. Par exemple, lorsqu'un humoriste tenant des propos négationnistes et antisémites invoque l'article 10 sur la liberté d'expression, la Cour juge que le requérant tente de détourner l'article 10 de sa vocation. En conséquence, il ne peut bénéficier de la protection de cet article, et sa requête est irrecevable (*CEDH, 10 novembre 2015, Dieudonné M'Bala M'Bala c/France*).

d) La solution de l'instance

La Cour européenne des droits de l'homme est habilitée à déclarer s'il y a eu ou non violation de l'un des droits de la Convention par un État membre. Cet effet déclaratoire implique que le droit national ne peut être censuré par la Cour. En revanche, l'État doit tout entreprendre pour faire cesser la violation, ce qui peut passer par l'adoption d'une mesure individuelle, propre à la situation du requérant (par exemple, l'abrogation d'un acte administratif), mais aussi de mesures plus générales destinées à éviter que le cas ne se reproduise (une modification législative par exemple). En outre, l'article 41 de la Convention indique que la Cour peut accorder à la victime de la violation une satisfaction équitable. Il s'agit d'une réparation pécuniaire, assortie éventuellement d'intérêts de retard en cas de dépassement d'un délai fixé par la Cour.

En vertu de l'article 46 de la Convention, « *les Hautes Parties contractantes s'engagent à se conformer aux arrêts définitifs de la Cour dans les litiges auxquels elles sont parties* ». Le Comité des ministres est l'organe de surveillance de l'exécution des arrêts de la Cour. Pour ce faire, les États doivent informer le Comité des mesures prises en exécution de l'arrêt. Le contrôle est plutôt politique et diplomatique, mais si un État persiste dans l'inexécution, il pourrait être suspendu de son droit de représentation, voire exclu du Conseil de l'Europe.

Notons enfin que le protocole n° 16 ouvert à la signature en octobre 2013 prévoit la possibilité pour les plus hautes juridictions des États parties, d'adresser des demandes d'avis consultatif à la Cour sur des questions de principe relatives à l'interprétation ou à l'application des droits et libertés définis par la Convention ou ses protocoles.

2 La garantie du juge de l'Union européenne

■ *La compétence du juge de l'Union européenne en matière de libertés fondamentales*

Les traités communautaires originaires écartent la question de la protection des droits fondamentaux, car l'objectif de la création des Communautés était avant tout d'instaurer la paix grâce à une entente économique. Néanmoins, la jurisprudence de la Cour de justice des Communautés européennes (CJCE, aujourd'hui Cour de justice de l'Union européenne) intègre la nécessité d'inclure les droits au sein des principes généraux du droit communautaire à partir de 1970 (*CJCE, 17 décembre 1970, Internationale Handelsgesellschaft*). Ces principes s'imposent au droit dérivé (règlements, directives). Ils sont découverts à partir des traditions constitutionnelles communes aux États membres : la Cour est « *tenue de s'inspirer des traditions constitutionnelles communes aux États membres et ne saurait dès lors admettre des mesures incompatibles avec les droits fondamentaux reconnus et garantis par les constitutions de ces États* » (*CJCE, 14 mai 1974, Nold*).

Dans l'arrêt du 28 octobre 1975 (*Rutili*), la Cour de justice fait même explicitement référence à la Convention européenne des droits de l'homme. Ceci pose néanmoins de nombreuses questions juridiques, car si les États membres de la Communauté font bien partie du Conseil de l'Europe et ont ratifié la Convention, ce n'est pas le cas de la Communauté européenne elle-même. La Convention ne fait donc théoriquement pas partie du droit positif censé être appliqué par la Cour de justice. Cependant, les droits de la Convention peuvent être intégrés en tant que principes communs aux États membres. Il faut attendre l'Acte unique européen et le Traité de Maastricht, pour qu'une référence à la Convention européenne des droits de l'homme soit incluse dans les traités communautaires.

Aussi, la Cour de justice utilise abondamment les dispositions de la Convention européenne. Par exemple, elle fait référence à l'article 8 sur le droit au respect de la vie privée et familiale dans l'arrêt du 26 juin 1980, *National Panasonic c/Commission*. En outre, depuis le 1er décembre 2009, la Cour dispose d'un instrument propre à l'Union, la Charte des droits fondamentaux de l'Union européenne.

Notons pour finir que le Traité de Lisbonne et le protocole n° 14 à la Convention européenne des droits de l'homme autorisent la ratification de la CEDH par l'Union européenne (cette ratification étant en cours de négociation au début de l'année 2017, mais fortement compromise par un avis négatif de la CJUE du 18 décembre 2014). Cette ratification permettrait non seulement à la Cour de justice de l'Union européenne mais aussi à la Cour européenne des droits de l'homme de sanctionner les violations de la CEDH par les institutions de l'Union.

■ *Les recours devant le juge de l'Union européenne*

La Cour de justice et, depuis 1989, le Tribunal de première instance des Communautés européennes (TPICE, aujourd'hui Tribunal) peuvent être saisis grâce à différents types de recours :

- le ***recours en annulation*** permet d'attaquer un acte d'une institution de l'Union qui ne respecterait pas la légalité de l'Union, dont font partie les droits fondamentaux. Les États membres, le Conseil, la Commission et le Parlement européen peuvent introduire un tel recours devant la

Cour sans démontrer leur intérêt à agir, au contraire des personnes physiques ou morales devant le Tribunal. Un délai de deux mois est imposé à partir de la date de la publication ou de la notification de l'acte ;

- le ***recours en manquement*** est introduit devant la Cour par la Commission ou un État membre à l'encontre d'un État qui n'aurait pas satisfait à ses obligations en vertu du droit de l'Union, ce qui peut inclure le respect des droits fondamentaux. L'effet d'un arrêt de manquement est d'obliger l'État à mettre fin à ce manquement ;
- le ***recours en carence*** est quant à lui dirigé contre une institution de l'Union coupable d'une abstention illégale, qui peut consister en une violation des droits fondamentaux. Les requérants privilégiés et ordinaires n'ont pas les mêmes obligations, comme dans le cas du recours en annulation ;
- le ***recours en réparation ou en responsabilité*** peut enfin être dirigé contre une institution de l'Union en cas de comportement illégal ayant causé un dommage. Les droits fondamentaux font partie des règles de droit dont la violation peut engager la responsabilité de l'Union (par exemple : *CJCE, 8 juin 1977, Merkur c/Commission*).

Les limites de la garantie des libertés fondamentales

Chapitre 5

Les libertés fondamentales ne sont pas absolues, elles rencontrent des limites. Les deux premières relèvent de considérations d'intérêt général : les pouvoirs publics conservent dans ce cadre une certaine marge d'appréciation qui leur permet de moduler la protection des libertés, marge d'appréciation d'autant plus grande lorsque des circonstances exceptionnelles sont constatées. La troisième limite tient à la confrontation de deux libertés qui peuvent entrer en conflit. La conciliation des libertés peut entraîner une limitation de l'une d'entre elles.

1 La marge d'appréciation des pouvoirs publics

La marge d'appréciation des pouvoirs publics s'observe à deux niveaux. En droit interne, c'est le législateur, premier organe de concrétisation des droits fondamentaux, qui conserve une marge d'appréciation sous le contrôle du juge constitutionnel. En droit européen, les pouvoirs publics nationaux ont également une marge d'appréciation encadrée par la Cour européenne des droits de l'homme.

■ *Le champ d'appréciation du législateur en droit interne*

En France, le Conseil constitutionnel se défend de vouloir limiter la marge d'appréciation discrétionnaire du législateur. Le Conseil constitutionnel ne légifère pas, mais veille seulement à ce que le législateur ne prive pas « *de garanties légales des exigences de caractère constitutionnel* » (*décision n° 86-210 DC du 29 juillet 1986, loi portant réforme du régime juridique de la presse*).

Dans la décision n° 74-54 DC du 15 janvier 1975, *Interruption volontaire de grossesse*, le Conseil indique que « *l'article 61 de la Constitution ne confère pas au Conseil constitutionnel un pouvoir d'appréciation et de décision identique à celui du Parlement, mais lui donne seulement compétence pour se prononcer sur la conformité à la Constitution des lois déférées à son examen* ». Ainsi, le Conseil juge « *qu'il [ne lui] appartient pas de substituer son appréciation à celle du législateur* » (*décision n° 2010-92 QPC du 28 janvier 2011, Mme Corinne C. et autre [Interdiction du mariage entre personnes de même sexe]*).

Néanmoins, la volonté de protéger les libertés contre le législateur, mais aussi contre une application des lois qui pourrait être contraire aux droits, peut conduire à un excès de prudence du Conseil constitutionnel, entravant l'appréciation discrétionnaire du pouvoir législatif. Par exemple, la loi sur le juge unique ayant donné lieu à la décision n° 75-56 DC du 23 juillet 1975 sur la modification du Code de procédure pénale aurait pu être considérée comme une réforme de détail, et non comme une remise en cause profonde des principes de l'organisation judiciaire : la loi laissait au président du tribunal de grande instance la faculté de décider, de manière discrétionnaire et sans recours, si ce tribunal serait composé de trois magistrats ou d'un seul exerçant les pouvoirs conférés au président. Des affaires de même nature auraient ainsi pu être jugées par un tribunal collégial ou par un juge unique, selon la décision du président de la juridiction.

En outre, le Conseil constitutionnel incite parfois le législateur à modifier la loi, lorsqu'il ne peut déclarer certaines dispositions contraires à la Constitution. Par exemple, dans la décision n° 2013-320/321 QPC du 14 juin 2013 (*M. Yacine T. et autre [Absence de contrat de travail pour les relations de travail des personnes incarcérées]*), le Conseil constitutionnel considère que l'absence de contrat de travail en prison n'est pas en elle-même contraire à la Constitution, mais qu'« *il est loisible au législateur de modifier les dispositions relatives au travail des personnes incarcérées afin de renforcer la protection de leurs droits* ».

La compétence du législateur en vertu de la Constitution et sous le contrôle du juge constitutionnel est ainsi largement encadrée, mais pas entravée. Sa liberté n'est certes pas illimitée, mais ce champ d'appréciation est tout de même suffisamment large pour que le Parlement puisse exercer une compétence protégée de concrétisation dans le domaine des droits fondamentaux.

Les choix de la concrétisation qui s'offrent au législateur sont ceux de la répression et de la prévention :

– le ***régime répressif*** est considéré comme plus libéral, car il permet aux individus d'agir sans intervention préalable de la puissance publique. La liberté est la règle et la restriction, l'exception. Assurant la sécurité juridique des individus, ce régime n'implique pourtant pas l'absence de contrôle. Celui-ci s'exerce *a posteriori*, car ce n'est qu'en cas d'abus de la liberté ou de dommage que des sanctions sont prises. Les dérives possibles de la part du législateur sont alors de définir les infractions de manière imprécise, ou de laisser au gouvernement le soin de fixer les peines applicables ;

– le ***régime préventif*** impose quant à lui des formalités préalables à l'exercice d'une liberté. L'administration peut autoriser l'exercice de la liberté, en délivrant un permis par exemple. Mais elle peut aussi l'interdire. Une solution plus souple est celle de la déclaration préalable. L'administration enregistre la volonté de l'individu d'exercer sa liberté, mais celui-ci n'a pas besoin d'une autorisation. Il s'agit d'un avertissement qui permet à l'administration d'exercer un contrôle. Néanmoins, la délivrance d'un récépissé ne doit pas conduire à une restriction de la liberté par un contrôle préalable. En matière d'associations, le Conseil constitutionnel juge ainsi que leur création ne peut être soumise à l'intervention de l'autorité administrative ou judiciaire.

■ *La marge nationale d'appréciation en droit européen*

Le principe d'équilibre impose une limitation des contraintes pesant sur les États membres du Conseil de l'Europe. De plus, le principe de subsidiarité implique qu'il revient avant tout aux États d'assurer de la manière la plus adaptée la protection des droits par la législation nationale. La Convention européenne ne fixe que des standards mais n'impose pas une harmonisation stricte des garanties qui peuvent varier en fonction des circonstances locales. Le principe de subsidiarité signifie que les autorités nationales sont le mieux à même de connaître les mesures adaptées à la protection des droits, ce qui leur laisse une certaine marge d'autonomie en matière d'action politique, la marge nationale d'appréciation.

Ainsi, la Cour admet des particularités de la garantie des droits fondamentaux, tenant au contexte social, religieux, historique, politique... de chaque État (voir par exemple la réglementation du port des signes religieux à l'école : *CEDH, 10 novembre 2005, Leyla Sahin c/Turquie* : « *Lorsque se trouvent en jeu des questions sur les rapports entre l'État et les religions, sur lesquelles de profondes divergences peuvent raisonnablement exister dans une société démocratique, il y a lieu d'accorder une importance particulière au rôle du décideur national. Tel est notamment le cas lorsqu'il s'agit de la réglementation du port de symboles religieux dans les établissements d'enseignement, d'autant plus, [...] au vu de la diversité des approches nationales quant à cette question. En effet, il n'est pas possible de discerner à travers l'Europe une conception uniforme de la signification de la religion dans la société et le sens ou l'impact des actes correspondant à l'expression publique d'une conviction religieuse ne sont pas les mêmes suivant les époques et les contextes. La réglementation en la matière peut varier par conséquent d'un pays à l'autre en fonction des traditions nationales et des exigences imposées par la protection des droits et libertés d'autrui et le maintien de l'ordre public. Dès lors, le choix quant à l'étendue et aux modalités d'une telle réglementation doit, par la force des choses, être dans une certaine mesure laissé à l'État concerné, puisqu'il dépend du contexte national considéré. Cette marge d'appréciation va de pair avec un contrôle européen portant à la fois sur la loi et sur les décisions qui l'appliquent. La tâche de la Cour consiste à rechercher si les mesures prises au niveau national se justifient dans leur principe et sont proportionnées. Pour délimiter l'ampleur de cette marge d'appréciation en l'espèce, la Cour doit tenir compte de l'enjeu, à savoir la protection des droits et libertés d'autrui, les impératifs de l'ordre public, la nécessité de maintenir la paix civile et un véritable pluralisme religieux, indispensable pour la survie d'une société démocratique* »).

La Cour cherche donc à relever l'existence d'une conception uniforme de la concrétisation d'un droit, d'un « dénominateur commun », et si celui-ci existe, la marge d'appréciation de l'État sera réduite. Par exemple, l'affaire *Odièvre c/France*, jugée le 13 février 2003, concerne la législation française permettant l'accouchement sous X, qui va à l'encontre du droit de l'enfant de connaître ses origines. La Cour européenne souligne que la plupart des États ne connaissent pas de législation comparable à la loi française, quant à l'impossibilité d'établir un lien de filiation avec une mère biologique refusant de lever le secret de son identité.

La Cour observe cependant que certains pays ne prévoient pas l'obligation de déclarer le nom des parents biologiques lors de la naissance, et que d'autres connaissent des pratiques d'abandon d'enfants engendrant des débats sur l'accouchement anonyme. Finalement, « *eu égard à la diversité des systèmes et pratiques juridiques, ainsi que des pratiques d'abandon, la Cour estime que les États doivent jouir d'une marge d'appréciation pour décider des mesures de nature à assurer la reconnaissance des droits garantis par la Convention* ».

La marge d'appréciation est même un instrument utile lorsque la Cour européenne ne souhaite pas statuer sur un sujet et renvoie aux États le soin de décider au niveau national. Par exemple, la Cour européenne n'a pas voulu trancher la question des titulaires du droit à la vie, car une reconnaissance du droit à la vie dès la conception conduirait à prohiber l'avortement : « *Le point de départ du droit à la vie relève de la marge d'appréciation des États dont la Cour tend à considérer qu'elle doit leur être reconnue dans ce domaine, même dans le cadre d'une interprétation évolutive de la Convention* » (*CEDH, 8 juillet 2004, Vo c/France*).

Notons qu'à l'instigation du Royaume-Uni, le protocole n° 15 ouvert à la signature en juin 2013 comprend une référence explicite au principe de subsidiarité et à la doctrine de la marge d'appréciation des États, afin de préserver la souveraineté de ceux-ci face à un système de Strasbourg jugé trop intrusif par les Britanniques.

2 L'ordre public

L'ordre public est une limite générale de la garantie des libertés fondamentales, qui peut être encore accrue en cas de circonstances exceptionnelles.

■ *L'ordre public en période ordinaire*

Les libertés fondamentales ne sont pas absolues, sans limites. Elles ne s'exercent que dans le respect de l'ordre public, c'est-à-dire la sécurité et la tranquillité de tous. Cette réserve générale est exprimée par le Conseil constitutionnel, qui fait de l'ordre public un objectif à valeur constitutionnelle, pouvant limiter les libertés fondamentales (*décision n° 94-352 DC du 18* janvier 1995, *loi d'orientation et de programmation relative à la sécurité*).

Le Conseil d'État se fonde également sur la protection de l'ordre public pour confirmer l'interdiction d'un spectacle au cours duquel des propos pénalement répréhensibles sont tenus : « *la réalité et la gravité des risques de troubles à l'ordre public mentionnés par l'arrêté litigieux sont établies tant par les pièces du dossier que par les échanges tenus au cours de l'audience publique ; qu'au regard du spectacle prévu, tel qu'il a été annoncé et programmé, les allégations selon lesquelles les propos pénalement répréhensibles et de nature à mettre en cause la cohésion nationale, relevés lors des séances précédentes ne suffisent pas écarter le risque sérieux que soient de nouveau portées de graves atteintes au respect des valeurs et principes, notamment de dignité de la personne humaine, consacrés par la Déclaration des droits de l'homme et du citoyen et par la tradition républicaine ; qu'il appartient en outre à l'autorité administrative de prendre les mesures de nature à éviter que des infractions pénales soient commises ; qu'ainsi, en se fondant sur les risques que le spectacle projeté représentait pour l'ordre public et sur la méconnaissance des principes au respect desquels il incombe aux autorités de l'État de veiller, le préfet n'a pas commis, dans l'exercice de ses pouvoirs de police administrative, d'illégalité grave et manifeste* » (ordonnance du 9 janvier 2014 à propos du spectacle de Dieudonné).

Cette réserve est également prévue dans la plupart des articles de la Convention européenne des droits de l'homme : par exemple, l'article 10 sur la liberté d'expression indique dans son paragraphe 2 : « *L'exercice de ces libertés comportant des devoirs et des responsabilités peut être soumis à certaines formalités, conditions, restrictions ou sanctions prévues par la loi, qui constituent des mesures nécessaires, dans une société démocratique, à la sécurité nationale, à l'intégrité territoriale ou à la sûreté publique, à la défense de l'ordre et à la prévention du crime, à la protection de la santé ou de la morale, à la protection de la réputation ou des droits d'autrui, pour empêcher la divulgation d'informations confidentielles ou pour garantir l'autorité et l'impartialité du pouvoir judiciaire* ». Il en est de même notamment dans les articles 8, 9 ou 11 de la Convention européenne.

Plusieurs conditions doivent néanmoins être réunies pour limiter les libertés pour des raisons d'ordre public :

- la restriction d'ordre public doit être prévue par la loi, c'est-à-dire par le droit en vigueur, qui doit être suffisamment accessible et prévisible pour les individus (*CEDH, 26 avril 1979, Sunday Times c/Royaume-Uni*) ;
- ces mesures doivent avoir un but légitime (sécurité, sûreté publique, etc.), la Cour exerçant un contrôle du détournement de pouvoir sur les mesures nationales ;
- ces mesures doivent être nécessaires dans une société démocratique, c'est-à-dire qu'elles doivent notamment respecter les principes de pluralisme et de tolérance, caractéristiques des régimes démocratiques selon la Cour (*CEDH, 7 décembre 1976, Handyside c/Royaume-Uni*).

■ *L'ordre public en période exceptionnelle*

En cas de circonstances exceptionnelles, les libertés peuvent être davantage limitées. L'article 15 de la Convention européenne des droits de l'homme indique ainsi : « *En cas de guerre ou en cas d'autre danger public menaçant la vie de la Nation, toute Haute Partie contractante peut prendre des mesures dérogeant aux obligations prévues par la présente Convention, dans la stricte mesure où la situation l'exige et à la condition que ces mesures ne soient pas en contradiction avec les autres obligations découlant du droit international* ». Il s'agit d'une clause dérogatoire, qui permet à un État membre de ne pas respecter la Convention à certaines conditions, précisées par l'arrêt de la Cour du 1er juillet 1961, *Lawless c/Irlande* :

- les mesures dérogatoires doivent avoir pour but de sauvegarder la Nation, en cas de « situation de crise ou de danger imminent qui affecte l'ensemble de la population et constitue une menace pour la vie organisée de la communauté ». Il peut s'agir aussi bien d'une guerre étrangère ou civile, que d'une catastrophe naturelle. Ces mesures doivent avoir une durée limitée à l'existence de ces circonstances exceptionnelles ;
- les mesures doivent être proportionnées et indispensables pour remédier à la situation ;
- enfin, cette possibilité de dérogation est soumise à une condition de notification au secrétaire général du Conseil de l'Europe.

Il faut toutefois noter que certains droits ne peuvent faire l'objet de dérogations (droits intangibles, voir *supra*).

En pratique, le Royaume-Uni a émis plusieurs notifications à l'occasion des troubles en Irlande du Nord ou après le 11 septembre 2001 en raison du risque terroriste. La France a fait de même après les attentats du 13 novembre 2015.

En France également, certaines dispositions constitutionnelles régissent des cas de circonstances exceptionnelles. En vertu de l'article 36 de la Constitution, « *l'état de siège est décrété en Conseil des ministres. Sa prorogation au-delà de douze jours ne peut être autorisée que par le Parlement* ». Cet état d'exception est défini par les lois du 9 août 1849 et du 3 avril 1878. Il ne peut être mis en œuvre qu'« *en cas de péril imminent résultant d'une guerre étrangère ou d'une insurrection armée* ». L'état de siège est caractérisé par la substitution des autorités militaires aux autorités civiles s'agissant des pouvoirs de police. Ceux-ci sont sensiblement élargis : les perquisitions peuvent se faire de jour comme de nuit, les correspondances sont contrôlées, et les publications et réunions susceptibles de porter atteinte à l'ordre public sont interdites. On assiste également à la substitution des tribunaux militaires aux instances judiciaires dans les cas de crimes et délits contre la sûreté de l'État, des institutions ou de l'ordre public.

L'état de siège n'a jamais été appliqué depuis le début de la Ve République. Ce n'est pas le cas d'un autre régime d'exception, l'état d'urgence. Prévu par la loi du 3 avril 1955, l'état d'urgence est proclamé et prorogé selon la même procédure que l'état de siège. Il doit être une réponse en « *cas de péril imminent résultant d'atteintes graves à l'ordre public* » ou en « *cas d'événements présentant, par leur nature et leur gravité, le caractère de calamité publique* ». À l'origine, il était destiné à s'appliquer aux événements d'Algérie. Sa mise en œuvre entraîne elle aussi des restrictions importantes des libertés publiques engendrées par un élargissement des pouvoirs de police. Le préfet dispose ainsi de pouvoirs plus étendus en matière de restrictions de la liberté d'aller et venir et d'assignation à résidence, d'interdiction de réunions et de manifestations et de perquisitions.

En pratique, la prorogation est presque systématique, du fait de la persistance au-delà de douze jours des circonstances justifiant la proclamation de l'état d'urgence. Néanmoins, le Général de Gaulle utilisa deux substituts à la loi ordinaire votée par le Parlement pour proroger l'état d'urgence, en recourant aux pouvoirs de l'article 16 et à l'ordonnance, prise en application d'une loi référendaire.

L'état d'urgence a été pour la première fois appliqué en Algérie par la loi du 3 avril 1955 pour une période de six mois, prorogée par la loi du 7 août 1955 pour six autres mois. À la suite du mouvement du 13 mai 1958 à Alger, l'état d'urgence est de nouveau appliqué en métropole par la loi du 17 mai 1958 pour une période de trois mois. À la suite du « putsch des généraux », l'état d'urgence est déclaré à compter du 23 avril 1961 sur le territoire de la métropole par deux décrets du 22 avril 1961. Il est prorogé par le Général de Gaulle dans l'exercice de ses pouvoirs exceptionnels pris en vertu de l'article 16 de la Constitution. L'état d'urgence dure jusqu'au 31 mai 1963, sur la base de l'ordonnance du 13 juillet 1962, prise en application de la loi référendaire du 13 avril 1962.

Le recours à l'état d'urgence n'est plus jugé nécessaire jusqu'en 1985, à la suite des événements en Nouvelle-Calédonie. Il est proclamé par un arrêté du 12 janvier 1985 du Haut-commissaire de la République et prorogé par la loi du 25 janvier 1985, après des débats d'autant plus animés qu'ils sont les premiers au Parlement de la Ve République s'agissant de la prorogation de l'état d'urgence. La saisine du Conseil constitutionnel est même nécessaire pour valider la prorogation de l'état d'urgence jusqu'au 30 juin 1985.

L'état d'urgence est également proclamé par deux décrets du 8 novembre 2005 pour faire face aux émeutes et violences urbaines qui ont débuté en banlieue parisienne. Il est prorogé pour une période de trois mois par la loi du 18 novembre 2005.

Enfin, l'état d'urgence est proclamé sur l'ensemble du territoire national à la suite des attentats du 13 novembre 2015 et prorogé cinq fois jusqu'au 15 juillet 2017. Ces différentes prorogations modifient la loi de 1955. Notamment, la loi du 20 novembre 2015 supprime le contrôle gouvernemental des médias, cinémas et théâtres. Le ministre de l'Intérieur peut toutefois interrompre un service de communication en ligne faisant l'apologie du terrorisme, et le Conseil des ministres peut dissoudre une association qui incite à commettre des atteintes graves à l'ordre public. En application de ces dispositions, de nombreuses perquisitions et assignations à résidence sont décidées. Le Conseil constitutionnel, saisi de plusieurs QPC, a validé les principales modifications de la loi (*voir notamment : décision n° 2015-527 QPC du 22 décembre 2015, M. Cédric D. [Assignations à résidence dans le cadre de l'état d'urgence] ; décision n° 2016-535 QPC du 19 février 2016, Ligue des droits de l'homme [Police des réunions et des lieux publics dans le cadre de l'état d'urgence] ; décision n° 2016-536 QPC du 19 février 2016, Ligue des droits de l'homme [Perquisitions et saisies administratives dans le cadre de l'état d'urgence] ; décision n° 2017-624 QPC du 16 mars 2017, M. Sofiyan I. [Durée maximale de l'assignation à résidence dans le cadre de l'état d'urgence]*). Il a toutefois précisé que l'administration n'avait pas compétence pour copier des données à l'occasion d'une perquisition sans l'autorisation d'un juge. De même, le juge administratif a largement été saisi de nombreux recours contre ces mesures : par exemple, le Conseil d'État suspend une assignation à résidence en référé en raison de l'absence de raison sérieuse justifiant la mesure (*CE ord., 22 janvier 2016*).

3 Le conflit de libertés fondamentales

La liberté d'un individu peut rencontrer la liberté d'un autre individu et s'y opposer. Par exemple, la liberté d'expression du journaliste se heurte au droit au respect de la vie privée d'un individu dont les activités font l'objet d'investigations. La liberté trouve ainsi ses limites dans les droits d'autrui. Il revient principalement au législateur de concilier ces libertés, sous le contrôle du juge constitutionnel.

■ *La conciliation du législateur*

Le Conseil constitutionnel évoque pour la première fois le rôle conciliateur du pouvoir législatif dans sa décision n° 79-105 DC du 25 juillet 1979 (dite *Droit de grève à la radio et à la télévision*). À cette occasion, il affirme la valeur constitutionnelle du droit de grève, mais aussi celle du principe de continuité du service public. Il en résulte qu'il revient au législateur de concilier deux principes à valeur constitutionnelle.

Ce rôle est confirmé dans la décision n° 80-127 DC des 19 et 20 janvier 1981 sur la loi renforçant la sécurité et protégeant la liberté des personnes : le législateur est ainsi responsable de la « *conciliation qui doit être opérée entre l'exercice des libertés constitutionnellement reconnues et les besoins de la recherche des auteurs d'infractions et de la prévention d'atteintes à l'ordre public, notamment à la sécurité des personnes et des biens, nécessaires, l'une et l'autre, à la sauvegarde de droits de valeur constitutionnelle* ».

Aussi, la création prétorienne de l'expression « *objectifs à valeur constitutionnelle* » répond à cette volonté conciliatrice. Ceux-ci permettent d'empêcher une application absolue d'un principe constitutionnel, ou encore de limiter d'autres libertés. Il en est ainsi de l'ordre public (*décision n° 82-141 DC du 27 juillet 1982, loi sur la communication audiovisuelle*) ou de la « *possibilité pour toute personne de disposer d'un logement décent* » (*décision n° 94-359 DC du 19 janvier 1995, loi relative à la diversité de l'habitat*).

■ *Le contrôle du juge constitutionnel*

Le juge constitutionnel a développé deux méthodes de contrôle de la conciliation des droits fondamentaux par le législateur. D'une part, il semble avoir établi une hiérarchie entre les droits afin de faire prévaloir certains droits sur les autres. D'autre part, le principe de proportionnalité permet toujours de trouver un équilibre dans la conciliation de deux libertés.

a) La hiérarchie des droits

Dans la décision n° 84-181 DC des 10 et 11 octobre 1984, *loi visant à limiter la concentration et à assurer la transparence financière et le pluralisme des entreprises de presse*, le Conseil constitutionnel semble établir une distinction entre certains droits qui ne bénéficieraient pas de la même garantie. Évoquant la liberté de la presse, le Conseil estime qu'il s'agit « *d'une liberté fondamentale, d'autant plus précieuse que son exercice est l'une des garanties essentielles du respect des autres droits et libertés et de la souveraineté nationale* ». Ceci doit être comparé à la valeur accordée au droit de propriété dans la décision n° 84-172 DC du 26 juillet 1984, *loi relative au contrôle des structures des exploitations agricoles et au statut du fermage*. En effet, dans cette espèce, le Conseil admet que certaines limitations peuvent être apportées à ce droit, sous réserve que le législateur n'en dénature pas la portée.

Aussi, les libertés-autonomie bénéficient d'un régime d'essence libérale qui interdit toute autorisation préalable. En ce qui concerne les autres droits, qui ne bénéficieraient pas d'une protection renforcée dans la Constitution, ceux-ci peuvent être limités par le législateur sous réserve de ne pas en dénaturer la portée. Le Conseil estime dans d'autres décisions qu'« *il est à tout moment loisible au législateur, statuant dans le domaine qui lui est réservé par l'article 34 de la Constitution, de modifier des textes antérieurs ou d'abroger ceux-ci en leur substituant, le cas échéant, d'autres dispositions* ». Aussi, « *il ne lui est pas moins loisible d'adopter, pour la réalisation ou la conciliation d'objectifs de nature constitutionnelle, des modalités nouvelles dont il lui appartient d'apprécier l'opportunité et qui peuvent comporter la modification ou la suppression de dispositions qu'il estime excessives ou inutiles* ». Mais le Conseil estime que « *l'exercice de ce pouvoir ne saurait aboutir à priver de garanties légales des exigences de caractère constitutionnel* » (*décision n° 86-210 DC du 29 juillet 1986, loi portant réforme du régime juridique de la presse*). Le noyau dur ou l'essence du droit fondamental ne sauraient donc être mis en cause par le législateur.

b) Le principe de proportionnalité

Par ailleurs, le principe de proportionnalité est un moyen d'analyse pour évaluer les atteintes portées par le législateur à un droit fondamental.

Le respect du principe de proportionnalité suppose que le législateur intervienne de manière appropriée par rapport à l'objectif à atteindre. L'article 8 de la Déclaration des droits de l'homme et du citoyen affirme ainsi que « *la loi ne doit établir que des peines strictement et évidemment nécessaires* ». Plus généralement, le Conseil constitutionnel exerce un contrôle de proportionnalité en cas de confrontation entre deux droits fondamentaux. Par exemple, dans la décision n° 97-389 DC du 22 avril 1997 sur la loi relative à l'immigration, le Conseil vérifie que la conciliation entre les exigences de l'ordre public et la liberté individuelle répond au principe de proportionnalité. Ainsi,

« *les sanctions administratives prévues par la présente loi, qui ne revêtent pas un caractère automatique et dont la mise en œuvre est placée sous le contrôle du juge administratif [...], ne sont pas entachées [...] d'une disproportion manifeste* ». Aussi, « *en l'absence d'une telle disproportion, il n'appartient pas au Conseil constitutionnel de substituer sa propre appréciation à celle du législateur en ce qui concerne la nécessité des sanctions attachées aux comportements qu'il entend réprimer* ».

Étude matérielle des libertés fondamentales

PARTIE 3

Le droit à la vie et la dignité humaine

Chapitre 6

Le droit à la vie et la dignité humaine ne sont pas expressément mentionnés dans la Constitution française, comme ils le sont notamment aux articles 1er et 2 de la Loi fondamentale allemande. C'est en droit européen que ces droits bénéficient de la protection la plus explicite (ConvEDH, art. 2 à 4).

1 Le droit à la vie

Le droit à la vie implique certaines obligations pour les États, mais a également des conséquences s'agissant de la peine de mort, de l'avortement et de l'euthanasie.

■ *Obligations pesant sur les États*

L'article 2 de la Convention européenne des droits de l'homme dispose : « *Le droit de toute personne à la vie est protégé par la loi. La mort ne peut être infligée à quiconque intentionnellement, sauf en exécution d'une sentence capitale prononcée par un tribunal au cas où le délit est puni de cette peine par la loi* ».

Le droit à la vie est un droit intangible, insusceptible de dérogations en cas de circonstances exceptionnelles. Le paragraphe 2 de l'article 2 énumère des atteintes au droit à la vie qui ne sont pas considérées comme des violations de cet article : légitime défense, arrestation régulière, répression d'une émeute.

Dans l'arrêt *McCann c/Royaume-Uni* du 27 septembre 1995, le Royaume-Uni est condamné par la Cour européenne, parce que le recours à la force n'a pas été rendu absolument nécessaire pour assurer la défense d'autrui contre la violence illégale. Il s'agissait en l'espèce du décès d'individus suspectés d'être sur le point de commettre un attentat à la bombe. Les militaires anglais ont fait feu, mais n'ont retrouvé sur les suspects ni arme, ni détonateur, et dans leur véhicule, ni explosifs, ni bombe. Dans un arrêt du 27 juillet 1998 (*Güleç c/Turquie*), la Cour européenne considère de la même façon que l'usage de la force pour disperser une manifestation et ayant entraîné le décès d'un manifestant, n'était pas absolument nécessaire.

De plus, dans l'arrêt *McCann*, la Cour souligne que le droit à la vie implique de mener une forme d'enquête efficace lorsque le recours à la force par des agents de l'État a entraîné la mort d'un homme.

Aussi, il revient à l'État non seulement de ne pas porter atteinte au droit à la vie, mais également de prendre les mesures nécessaires à la protection de ce droit par des personnes publiques, et mêmes privées (*CEDH, 28 octobre 1998, Osman c/Royaume-Uni*). Des obligations positives pèsent donc sur les États : dans l'arrêt du 9 juin 1998, *L. C. B. c/Royaume-Uni*, la Cour indique que la première phrase de l'article 2, paragraphe 1, astreint l'État non seulement à s'abstenir de provoquer la mort de manière volontaire et irrégulière mais aussi à prendre les mesures nécessaires à la protection de la vie des personnes relevant de sa juridiction : en l'espèce, la requérante est la fille d'un soldat exposé à des radiations produites par des essais nucléaires. La protection de la vie inclut la protection de la santé, notamment par les hôpitaux, ou lors d'une activité industrielle.

La France est également condamnée dans l'arrêt du 16 octobre 2008 (*Renolde c/France*), pour avoir manqué à son obligation de protéger le droit à la vie d'un détenu qui s'est suicidé, car son placement en cellule disciplinaire n'était pas approprié à ses troubles mentaux.

■ *Droit à la vie et peine de mort*

L'article 2 de la Convention européenne prévoit l'exception de la peine de mort prononcée par un tribunal dans le cas où le délit est puni de cette peine par la loi.

La peine de mort n'est donc pas prohibée par la Convention. Cependant, la Cour européenne juge que si un tribunal prononce cette peine, la procédure suivie doit avoir respecté l'article 6 sur le droit au procès équitable. Ainsi, « *prononcer la peine capitale à l'encontre d'une personne à l'issue d'un procès inéquitable équivaut à soumettre injustement cette personne à la crainte d'être exécutée [...]. Eu égard au rejet par les Parties contractantes de la peine capitale, qui ne passe plus pour avoir sa place dans une société démocratique, toute condamnation à mort en de telles circonstances doit, en soi, être tenue pour une forme de traitement inhumain* ». Il y a donc violation de l'article 3 sur l'interdiction des traitements inhumains et dégradants dans l'arrêt *Öcalan c/Turquie* du 12 mai 2005. De même, la Cour estime que l'extradition d'un individu vers les États-Unis en vue de son jugement pour un crime passible de la peine de mort, est contraire à l'article 3 (*CEDH, 7 juillet 1989, Soering c/Royaume-Uni*).

Aussi, l'abolition de la peine de mort s'étant répandue en Europe, des modifications du droit européen ont été permises grâce à l'adoption des sixième et treizième protocoles additionnels à la Convention. Le sixième protocole est signé à Strasbourg en 1983 : il porte abolition de la peine de mort, mais celle-ci peut être maintenue « *pour des actes commis en temps de guerre ou de danger imminent de guerre* ». Le treizième protocole, signé à Vilnius en 2002, supprime cette exception. Cependant, ces protocoles doivent être ratifiés par les États et, par exemple en 2017, la Russie n'a ratifié aucun des deux protocoles.

La France a quant à elle aboli la peine de mort par la loi du 9 octobre 1981. La Constitution a également été révisée en 2007. L'article 66-1 dispose désormais : « *Nul ne peut être condamné à la peine de mort* ». En effet, dans sa décision n° 2005-524/525 DC du 13 octobre 2005, *Engagements internationaux relatifs à la peine de mort*, le Conseil constitutionnel s'était prononcé sur la compatibilité avec la Constitution de deux traités internationaux : le protocole n° 13 à la Convention européenne des droits de l'homme, qui abolit la peine de mort en toutes circonstances ; le deuxième protocole facultatif se rapportant au Pacte international relatif aux droits civils et politiques, qui stipule qu'« *aucune personne [...] ne sera exécutée* » et qui oblige tout État partie à abolir la peine de mort. Conformément à sa jurisprudence antérieure (*décision n° 92-308 DC du 9 avril 1992, Traité sur l'Union européenne*), le Conseil constitutionnel recherche si ces engagements portent atteinte « *aux conditions essentielles d'exercice de la souveraineté nationale* ».

Aussi, c'est la faculté de pouvoir se délier de ces obligations internationales qui est recherchée par le Conseil constitutionnel. Cette faculté existe s'agissant du protocole n° 13 ; en revanche, s'agissant du protocole au Pacte de 1966, celui-ci ne peut être dénoncé. Ainsi, « *cet engagement lierait irrévocablement la France même dans le cas où un danger exceptionnel menacerait l'existence de la Nation [...] et porte dès lors atteinte aux conditions essentielles d'exercice de la souveraineté nationale* ». Par suite, sa ratification ne peut intervenir qu'après une révision de la Constitution.

■ *Droit à la vie et avortement*

L'embryon est-il titulaire du droit à la vie ? Si oui, l'avortement doit être prohibé.

Au niveau européen, l'article 2 de la Convention européenne des droits de l'homme prévoit le droit de toute personne à la vie, sans autre précision. La Convention interaméricaine des droits de l'homme a résolu la question en affirmant que le droit à la vie vaut à partir de la conception.

S'agissant des droits nationaux, un consensus ne peut en outre être dégagé. Des États catholiques comme l'Irlande ont une législation très stricte concernant l'avortement, mais dans la majorité des États, l'avortement est possible sous des conditions de délai ou thérapeutiques (danger pour la santé de la mère ou handicap de l'enfant).

La Cour fait donc preuve d'une certaine réserve, lorsqu'elle estime « *qu'il n'est ni souhaitable ni même possible actuellement de répondre dans l'abstrait à la question de savoir si l'enfant à naître est une « personne » au sens de l'article 2 de la Convention* » (*arrêt du 8 juillet 2004, Vo c/ France*). En droit français au contraire, le Conseil constitutionnel s'est prononcé en faveur de la conformité de la loi autorisant l'interruption volontaire de grossesse avec le Préambule de la Constitution de 1946 (son onzième alinéa prévoit en effet la protection de la santé de l'enfant) dans la décision n° 74-54 DC du 15 janvier 1975, *Interruption volontaire de grossesse*. Actuellement, l'interruption volontaire de grossesse est possible dans un délai de douze semaines (la loi du 7 juillet 2001 allonge le délai de dix semaines prévu par la loi du 17 janvier 1975, et la loi du 4 août 2014 pour l'égalité réelle entre les femmes et les hommes supprime une condition inappliquée jusqu'alors, la « situation de détresse »), mais en cas de danger pour la santé de la mère, ou de malformation de l'enfant, une interruption médicalisée de grossesse est possible sans condition de délai.

Lorsque les parents souhaitent pratiquer une telle interruption de grossesse en cas de malformation du fœtus, mais qu'une faute des médecins empêche la connaissance du diagnostic, les parents peuvent demander réparation (*arrêt CE, 14 février 1997, CHR de Nice c/Époux Quarez*). En revanche, l'enfant lui-même ne peut invoquer le préjudice de sa naissance depuis la loi du 4 mars 2002, qui fait obstacle à la jurisprudence de la Cour de cassation (*Cass. civ., 17 novembre 2000, Perruche*).

■ *Droit à la vie et euthanasie*

Le droit à la vie implique-t-il son contraire, le droit à la mort ou le choix de sa propre mort ?

En droit européen, la réponse à cette question est claire : dans l'affaire *Pretty* (*CEDH, 29 avril 2002, Pretty c/Royaume-Uni*), une femme souffrant d'une maladie dégénérative au Royaume-Uni souhaitait mettre fin à ses jours avec l'aide de son mari. Les autorités britanniques n'ayant pas accepté de ne pas poursuivre le mari dans ce cas, Mme Pretty a saisi la Cour européenne. La Cour affirme alors que le droit à la vie n'implique pas un droit à mourir.

En France, l'euthanasie n'est pas non plus autorisée. La loi du 9 juin 1999 garantit le droit à l'accès aux soins palliatifs, qui permettent d'atténuer la douleur, et la loi du 22 avril 2005 relative aux droits des malades et à la fin de vie (dite loi Leonetti) interdit l'obstination déraisonnable dans le traitement ou acharnement thérapeutique. Le malade peut en outre demander l'interruption ou la limitation d'un traitement.

Dans l'arrêt du 24 juin 2014 relatif à la fin de vie de Vincent Lambert, le Conseil d'État fait application de ces dispositions en l'absence d'instructions du patient et dans le cas d'un désaccord des membres de la famille : il juge légale, la décision prise par le médecin en charge de Vincent Lambert de mettre fin à son alimentation et à son hydratation artificielles. La Haute Juridiction a notamment statué au vu de l'expertise médicale qu'elle avait ordonnée et qui a conclu à une dégradation de l'état de conscience de M. Lambert, correspondant à un état végétatif, au caractère irréversible des lésions cérébrales et à un mauvais pronostic clinique.

Enfin, la loi du 2 février 2016, créant de nouveaux droits en faveur des malades et des personnes en fin de vie, prévoit la mise en place d'une sédation profonde et continue à la demande d'un patient atteint d'une affection grave et incurable, dans le but d'éviter toute souffrance. Des directives anticipées s'imposant au médecin peuvent également être rédigées par le patient, afin d'exprimer sa volonté en ce qui concerne les conditions d'un traitement ou d'actes médicaux. Cette loi n'anéantit pas les hypothèses contentieuses, comme le montre le jugement du TA de Marseille du 16 novembre 2016 : alors que les médecins avaient décidé l'arrêt des traitements d'une enfant d'un an atteinte de dommages neurologiques irrémédiables après un virus, les parents ont obtenu la suspension de la décision par la voie du référé-liberté.

2 La dignité humaine

En droit européen, les articles 3 et 4 de la Convention européenne des droits de l'homme prohibent la torture ainsi que l'esclavage et le travail forcé, pour protéger de manière concrète la dignité humaine.

En droit français, en l'absence de disposition explicite dans la Constitution, la jurisprudence du Conseil constitutionnel s'est développée tardivement et sur un fondement assez lointain. Le premier alinéa du Préambule de la Constitution de 1946 évoque « *la victoire remportée par les peuples libres sur les régimes qui ont tenté d'asservir et de dégrader la personne humaine* ». À partir de cette disposition, le Conseil constitutionnel a élevé le principe de « *dignité de la personne humaine contre toute forme d'asservissement et de dégradation* » au rang de « *principe à valeur constitutionnelle* » (*décision n° 94-343/344 DC du 27 juillet 1994, loi relative au respect du corps humain et loi relative au don et à l'utilisation des éléments et produits du corps humain, à l'assistance médicale à la procréation et au diagnostic prénatal*).

Ce principe a notamment été appliqué aux conditions de vie carcérale : « *d'une part, le Préambule de la Constitution de 1946 a réaffirmé que tout être humain, sans distinction de race, de religion ni de croyance, possède des droits inaliénables et sacrés ; que la sauvegarde de la dignité de la personne contre toute forme d'asservissement et de dégradation est au nombre de ces droits et constitue un principe à valeur constitutionnelle ; que, d'autre part, l'exécution des peines privatives de liberté en matière correctionnelle et criminelle a été conçue, non seulement pour protéger la société et assurer la punition du condamné, mais aussi pour favoriser l'amendement de celui-ci et préparer son éventuelle réinsertion ; qu'il appartient, dès lors, au législateur, compétent en application de l'article 34 de la Constitution pour fixer les règles concernant le droit pénal et la procédure pénale, de déterminer les conditions et les modalités d'exécution des peines privatives de liberté dans le respect de la dignité de la personne* » (*décision n° 2013-320/321 QPC du 14 juin 2013, M. Yacine T. et autre [Absence de contrat de travail pour les relations de travail des personnes incarcérées]*).

De l'ensemble de ces dispositions françaises et européennes découle un corpus de garanties du respect de la dignité humaine sous trois aspects : le respect de l'intégrité physique, la non-discrimination et la garantie des moyens d'une vie digne.

■ *Le respect de l'intégrité physique*

a) Prohibition de la torture et des traitements inhumains ou dégradants

D'après l'article 3 de la Convention européenne, « *nul ne peut être soumis à la torture ni à des peines ou traitements inhumains ou dégradants* ». L'arrêt de la Cour européenne du 18 janvier 1978, *Irlande c/Royaume-Uni,* précise les notions comprises dans cet article :

– ***un mauvais traitement doit atteindre un minimum de gravité***. Pour apprécier ce seuil de gravité, la Cour prend en compte la durée du traitement incriminé, mais aussi ses effets et l'état de la victime (âge, sexe, état de santé). La Cour européenne a ainsi estimé dans l'arrêt *Tomasi c/France* du 27 août 1992 que des coups portés à un gardé à vue constituent de tels traitements inhumains et dégradants. La différence entre le traitement inhumain et le traitement dégradant peut être illustrée grâce à l'arrêt *Irlande c/Royaume-Uni* précité. Étaient en cause les cinq techniques d'interrogatoire utilisées par les Britanniques en Irlande du Nord (station debout contre un mur, encapuchonnement, soumission au bruit, privation de sommeil, privation de nourriture). Il s'agit d'un traitement inhumain car il a créé sinon de véritables lésions, du moins de vives souffrances physiques et morales, mais aussi des troubles psychiques aigus en cours d'interrogatoire. Il s'agit également d'un traitement dégradant, car il crée des sentiments de peur, d'angoisse et d'infériorité propres à humilier, à avilir et à briser la résistance physique ou morale. Mais l'article 3 a également été appliqué à des cas beaucoup moins évidents, comme des châtiments corporels à l'école. En l'espèce, même si le seuil de gravité n'avait pas été atteint, la Cour a exprimé sa préoccupation concernant le caractère automatique de la sanction et le délai de trois jours avant l'exécution de celle-ci (*CEDH, 25 mars 1993, Costello-Roberts c/Royaume-Uni*). De même, la Cour européenne a jugé que le maintien en rétention administrative d'enfants étrangers a pu « *engendrer pour eux une situation de stress et d'angoisse et avoir des conséquences particulièrement traumatisantes sur leur psychisme* », et a condamné la France pour violation de l'article 3 (*CEDH, 19 janvier 2012, Popov c/France*). Récemment, la

Cour a également jugé que l'éloignement (reconduite à la frontière) d'un étranger malade peut constituer un traitement contraire à l'article 3 : il s'agit des « *cas d'éloignement d'une personne gravement malade dans lesquels il y a des motifs sérieux de croire que cette personne, bien que ne courant pas de risque imminent de mourir, ferait face, en raison de l'absence de traitements adéquats dans le pays de destination ou du défaut d'accès à ceux-ci, à un risque réel d'être exposée à un déclin grave, rapide et irréversible de son état de santé entraînant des souffrances intenses ou à une réduction significative de son espérance de vie* » (*CEDH, 13 décembre 2016, Paposhvili c/Belgique*). Enfin, la Cour considère que la peine d'emprisonnement à perpétuité excluant tout espoir d'élargissement peut soulever une question au regard de l'article 3, lorsque le droit national ne permet pas de revoir la peine dans le but de la commuer, de la suspendre ou d'y mettre fin (*CEDH, 9 février 2009, A. et autres c/Royaume-Uni*) ;

- ***la torture peut être considérée comme un traitement inhumain ou dégradant d'une particulière intensité***, « provoquant de fort graves et cruelles souffrances » (arrêt *Irlande c/ Royaume-Uni*). La France a notamment été condamnée sur la base d'une violation de l'article 3 dans l'arrêt *Selmouni c/France* du 28 juillet 1999 : des violences de caractère odieux et humiliant (notamment de nature sexuelle), mais aussi répétées et prolongées, pendant une garde à vue, ont été qualifiées par la Cour d'actes de torture ;
- l'article 3 est le fondement, pour la Cour européenne, ***d'obligations positives des États***, qui doivent notamment veiller aux conditions de la vie carcérale (*CEDH, 26 octobre 2000, Kudla c/ Pologne*), la France étant régulièrement condamnée sur ce point (*CEDH, 26 janvier 2011, Payet c/France*, à propos des conditions de détention en cellule disciplinaire ; *CEDH, 20 octobre 2011, Alboreo c/France*, en raison de violences commises par les autorités pénitentiaires pour faire sortir un détenu de sa cellule) malgré l'adoption de la loi pénitentiaire du 24 novembre 2009. Les conditions de vie carcérale sont également contraires à la dignité du fait de la surpopulation et du niveau d'hygiène déplorable (voir l'ordonnance du Conseil d'État du 22 décembre 2012, *Section française de l'Observatoire international des prisons*, qui oblige l'administration pénitentiaire des Baumettes à Marseille à procéder à la dératisation et à la désinsectisation des locaux). Les États doivent enfin adopter toutes les mesures propres à éviter que des traitements inhumains ou dégradants soient infligés par des particuliers (*CEDH, 23 septembre 1998, A. c/ Royaume-Uni*). Les mauvais traitements entre individus doivent ainsi faire l'objet d'une condamnation adéquate par les juges nationaux.

b) Respect du corps humain

Associés à l'interdiction des traitements inhumains ou dégradants, certains principes législatifs viennent concrétiser le droit au respect de la dignité humaine. Notamment, en France, la loi du

20 décembre 1988 réglemente les expérimentations sur le corps humain, dont la finalité peut être thérapeutique ou scientifique.

Mais surtout, trois lois de juillet 1994 modifiées par la loi du 6 août 2004 forment un corpus législatif relatif à la bioéthique. Le Code civil proclame ainsi l'inviolabilité du corps humain ainsi que la non-patrimonialité du corps humain (ses éléments et produits ne peuvent être vendus, mais sont régis par les principes d'anonymat et de gratuité). La loi de 2004 interdit quant à elle le clonage reproductif et thérapeutique, la recherche sur l'embryon et les techniques d'eugénisme.

Une nouvelle loi bioéthique a été adoptée le 7 juillet 2011, mais elle ne revient pas sur l'interdiction de la pratique de la gestation pour autrui ou sur l'anonymat du don de gamètes. Elle facilite néanmoins l'assistance médicale à la procréation et autorise le don croisé d'organes.

La loi du 6 août 2013 revient enfin sur l'interdiction de la recherche sur l'embryon en l'autorisant sous conditions (loi tendant à modifier la loi n° 2011-814 du 7 juillet 2011 relative à la bioéthique en autorisant sous certaines conditions la recherche sur l'embryon et les cellules-souches embryonnaires). Dans sa décision n° 2013-674 DC du 1er août 2013 sur cette loi, le Conseil constitutionnel a jugé que le législateur a entouré la délivrance de ces autorisations de recherche de garanties effectives, et que ces dispositions ne méconnaissent pas le principe de sauvegarde de la dignité de la personne humaine.

c) Prohibition de l'esclavage et du travail forcé

L'article 4 de la Convention européenne des droits de l'homme dispose : « *Nul ne peut être tenu en esclavage ni en servitude. Nul ne peut être astreint à accomplir un travail forcé ou obligatoire* ».

L'esclavage a été défini par la Cour européenne en référence à la Convention de Genève relative à l'abolition de l'esclavage du 7 septembre 1956 comme « *l'état ou la condition d'un individu sur lequel s'exercent les attributs du droit de propriété ou certains d'entre eux* » (*CEDH, 26 juillet 2005, Siliadin c/France*).

Le travail forcé ou obligatoire est défini par la Convention n° 29 de l'Organisation internationale du travail du 28 juin 1930. Il s'agit de tout travail ou service exigé d'un individu sous la menace d'une peine quelconque et pour lequel l'individu ne s'est pas offert de son plein gré. Les arrêts relatifs à cette disposition sont peu nombreux. Notons par exemple la curieuse affaire *Van der Mussele c/Belgique* (arrêt du 23 novembre 1983), dans laquelle la Cour considère que la fonction d'avocat commis d'office mise à la charge d'un avocat stagiaire sans remboursement de ses frais ni rémunération, ne représente pas un travail forcé ou obligatoire, étant donné l'absence de contrainte physique ou morale. De même, la désignation d'office d'un avocat comme curateur d'une personne handicapée mentale ne représente pas une violation de l'article 4 (*CEDH, 18 octobre 2011, Graziani-Weiss c/Autriche*).

Quant à la servitude, elle emporte également la soumission avec l'impossibilité de changer de condition et pourrait se caractériser par un travail forcé aggravé par le sentiment d'une condition immuable. Ces hypothèses ne sont pas seulement théoriques aujourd'hui (réseaux de prostitution ou traites d'êtres humains : *CEDH, 7 janvier 2012, Rantsev c/Chypre et Russie*, mariages forcés, esclavage moderne : arrêt *Siliadin* précité et *CEDH, 11 octobre 2012, C. N. et V. c/France*).

Dignité et égalité : la non-discrimination

Il existe un principe général de non-discrimination en droit européen, relayé par le principe d'égalité en droit français. Cependant, l'existence de catégories de droits bénéficiant à des groupes d'individus identifiés, pose problème au regard de ce principe d'égalité.

a) Le principe de non-discrimination

La dignité de l'être humain suppose une égale dignité, c'est-à-dire que tous les êtres humains bénéficient des mêmes droits découlant de cette appartenance à l'humanité. La Cour de justice des Communautés européennes ne protège d'ailleurs la dignité qu'en cas d'atteinte à l'égalité (*CJCE, 30 avril 1996, P. c/S. et Cornwall County Council*, à propos du licenciement d'un transsexuel du fait de son changement de sexe).

La discrimination peut être définie comme une inégalité de traitement fondée sur une caractéristique intrinsèque de l'individu (sa race, son sexe...).

Une clause de non-discrimination est prévue à l'article 14 de la Convention européenne des droits de l'homme : « *La jouissance des droits et libertés reconnus dans la présente Convention doit être assurée, sans distinction aucune, fondée notamment sur le sexe, la race, la couleur, la langue, la religion, les opinions politiques ou toutes autres opinions, l'origine nationale ou sociale, l'appartenance à une minorité nationale, la fortune, la naissance ou toute autre situation* ».

Il ne s'agit pas d'un droit supplémentaire, mais d'une garantie appliquée à la jouissance des droits de la Convention. Ceci ne signifie pas que l'article 14 est appliqué seulement lorsqu'un autre droit est violé, en revanche ceci signifie qu'il doit être invoqué en combinaison avec un autre article de la Convention (par exemple, un régime de restriction de la liberté d'expression discriminatoire). La Cour indique ainsi que l'article 14 n'a pas d'existence indépendante puisque la non-discrimination vaut uniquement pour la jouissance des droits et libertés consacrés par les autres dispositions de la Convention et des protocoles ; toutefois, cette disposition « *peut entrer en jeu même sans un manquement aux exigences de ces clauses et, dans cette mesure, possède une portée autonome. Pour qu'elle trouve à s'appliquer, il suffit que les faits du litige tombent sous l'empire de l'une au moins desdites clauses* » (*CEDH, 27 juillet 2004, Sidabras et Dziautas c/Lituanie*).

D'après la Cour européenne, la discrimination consiste à traiter de manière différente, sauf justification objective et raisonnable, des personnes placées dans des situations comparables. Toutefois, le droit à la non-discrimination inclut non seulement l'interdiction pour l'État de ne pas procéder à des différences de traitement, mais il inclut également des ***obligations positives*** pour l'État.

Par exemple, « *la violence raciale constitue une atteinte particulière à la dignité humaine et, compte tenu de ses conséquences dangereuses, elle exige une vigilance spéciale et une réaction vigoureuse de la part des autorités. C'est pourquoi celles-ci doivent recourir à tous les moyens dont elles disposent pour combattre le racisme et la violence raciste, en renforçant ainsi la conception que la démocratie a de la société, y percevant la diversité non pas comme une menace mais comme une richesse* » (*CEDH, 6 juillet 2005, Natchova c/Bulgarie*). Dans cet arrêt, la Cour estime ainsi que des actes de discrimination raciale doivent être réprimés par l'État à l'issue d'une investigation.

Ceci est valable lorsque les actes racistes sont commis par des personnes privées, ce qui consacre l'effet horizontal du principe de non-discrimination (*CEDH, 26 juillet 2007, Anguelova et Iliev c/ Bulgarie*). Ceci est aussi valable lorsque les violences sont commises à l'égard des femmes, ce qui représente également une discrimination pour la Cour européenne (*CEDH, 9 juin 2009, Opuz c/ Turquie ; CEDH, 30 octobre 2012, E. M. c/Roumanie*).

Cependant, l'interdiction de la discrimination n'empêche pas toute différence de traitement. La discrimination prohibée est celle qui affecte des individus placés dans une situation analogue, et qui n'a pas de justification objective et raisonnable.

En ***droit constitutionnel français***, la discrimination est également prohibée par le Préambule de la Constitution de 1946 (al. 1er : « *Tout être humain, sans distinction de race, de religion ni de croyance, possède des droits inaliénables et sacrés* »). Mais le principe d'égalité est en outre proclamé à de nombreuses reprises dans la Constitution :

- ***art. 1er, Déclaration des droits de l'Homme*** : « *Les hommes naissent et demeurent libres et égaux en droits. Les distinctions sociales ne peuvent être fondées que sur l'utilité commune* » ;
- ***art. 6, Déclaration des droits de l'Homme*** : « *La Loi est l'expression de la volonté générale. Tous les Citoyens ont droit de concourir personnellement, ou par leurs Représentants, à sa formation. Elle doit être la même pour tous, soit qu'elle protège, soit qu'elle punisse. Tous les Citoyens étant égaux à ses yeux, sont également admissibles à toutes dignités, places et emplois publics, selon leur capacité, et sans autre distinction que celle de leurs vertus et de leurs talents* » ;
- ***al. 3 du Préambule de la Constitution de 1946*** : « *La loi garantit à la femme, dans tous les domaines, des droits égaux à ceux de l'homme* » ;

– ***art. 1er de la Constitution de 1958***: la France « *assure l'égalité devant la loi de tous les citoyens sans distinction d'origine, de race ou de religion* ».

Le Conseil constitutionnel se fonde le plus souvent sur l'article 6 de la Déclaration de 1789 (*décision n° 73-51 DC du 27 décembre 1973, Taxation d'office*), qui a, par exemple, justifié la première censure par la voie de la question prioritaire de constitutionnalité (*décision n° 2010-1 QPC, Consorts L. [Cristallisation des pensions]*), et engendré une multitude de champs d'application du principe d'égalité (devant la justice, devant la loi fiscale...).

Comme en droit européen toutefois, des ruptures d'égalité sont possibles à certaines conditions (*décisions n° 79-107 DC dite Ponts à péages; n° 87-232 DC du 7 janvier 1988, loi relative à la mutualisation de la Caisse nationale de Crédit Agricole*) : « *Le principe d'égalité ne s'oppose ni à ce que le législateur règle de façon différente des situations différentes ni à ce qu'il déroge à l'égalité pour des raisons d'intérêt général pourvu que, dans l'un et l'autre cas, la différence de traitement qui en résulte soit en rapport avec l'objet de la loi qui l'établit* ».

Par exemple, dans la décision n° 93-334 DC du 20 janvier 1994, *loi instituant une peine incompressible et relative au nouveau Code pénal et à certaines dispositions de procédure pénale*, le Conseil constitutionnel doit examiner l'instauration de délais différents selon les infractions commises pour s'entretenir avec un avocat lors de la garde à vue. La loi porte ainsi à 72 heures le délai à l'issue duquel les personnes soupçonnées de trafic de stupéfiants ou de terrorisme pourront s'entretenir avec un avocat, au lieu de 36 heures précédemment.

Le Conseil constitutionnel estime qu'il est loisible au législateur de prévoir des règles de procédure différentes selon les faits, les situations et les personnes auxquels elles s'appliquent, mais à la condition que ces différences de procédures ne procèdent pas de discriminations injustifiées et que soient assurées aux justiciables des garanties égales, notamment quant au respect du principe des droits de la défense. Or ici, la différence de traitement s'agissant du délai d'intervention de l'avocat au regard des infractions dont il s'agit, correspond à des différences de situation liées à la nature de ces infractions, et ne procède donc pas d'une discrimination injustifiée.

De façon plus surprenante, le Conseil constitutionnel admet que le législateur instaure des exonérations de responsabilité pénale justifiées par une tradition locale ininterrompue (en l'espèce, la corrida dans certaines régions de France), et donc une différence de traitement entre agissements de même nature accomplis dans des zones géographiques différentes (*décision n° 2012-271 QPC du 21 septembre 2012, Association Comité radicalement anticorrida Europe et autre [Immunité pénale en matière de courses de taureaux]*).

Enfin, une autorité administrative indépendante spécifique avait été créée afin de lutter contre les discriminations. La loi du 30 décembre 2004 instaurait la Haute autorité de lutte contre les discriminations et pour l'égalité. La ***HALDE*** pouvait être saisie par un individu, un parlementaire ou une association en cas de discrimination ; elle pouvait émettre des recommandations ou avis, mais aussi intervenir dans la répression pénale des discriminations. Sa compétence a été intégrée au sein de celle du Défenseur des droits (lois organique et ordinaire du 30 mars 2011).

b) Les catégories de libertés fondamentales ou l'égalité différenciée

Certaines catégories d'individus bénéficient de droits particuliers, ce qui porte atteinte à l'universalité des droits et à l'égalité de la protection des droits.

Notamment, les mesures en faveur de l'égalité entre hommes et ***femmes*** se sont multipliées récemment. Par exemple, l'article 1er de la Constitution dispose depuis la révision constitutionnelle du 23 juillet 2008 que « *la loi favorise l'égal accès des femmes et des hommes aux mandats électoraux et fonctions électives, ainsi qu'aux responsabilités professionnelles et sociales* ».

Précédemment :

- la loi du 13 juillet 1983 vise l'égalité des rémunérations ;
- la loi du 23 mars 2006 améliore la conciliation entre la vie familiale et la vie professionnelle.

De même, les ***enfants*** bénéficient de droits spécifiques, particulièrement en droit pénal (ordonnance du 2 février 1945), et sont représentés aujourd'hui par le Défenseur des droits qui remplace le Défenseur des enfants, autorité administrative indépendante créée par la loi du 6 mars 2000.

Les droits des ***personnes malades*** et des ***personnes handicapées*** ont également fait récemment l'objet de mesures spécifiques :

- la loi du 4 mars 2002 sur les droits des malades consacre notamment le droit à l'information et au consentement du malade ;
- la loi du 11 février 2005 sur l'égalité des droits et des chances, la participation et la citoyenneté des handicapés porte sur l'accessibilité des transports et lieux publics, et sur les sanctions des employeurs qui ne respectent pas les quotas d'emploi de personnes handicapées.

Cette égalité différenciée pose la question des ***discriminations positives***. Une discrimination est bel et bien une rupture d'égalité, mais elle est dite positive car elle vise à réduire une inégalité, en favorisant un groupe souffrant d'une inégalité de fait. Les discriminations positives sont acceptées en droit européen (*CEDH, 12 avril 2006, Stec et autres c/Royaume-Uni* : « *L'article 14 n'interdit pas à un État membre de traiter des groupes de manière différenciée pour corriger des « inégalités factuelles » entre eux ; de fait, dans certaines circonstances, l'absence d'un traitement différencié pour corriger une inégalité peut en soi emporter violation de la disposition en cause* »), mais celles-ci ne sont pas compatibles avec le principe français d'égalité : le Conseil constitutionnel fut ainsi opposé à l'instauration de quotas par sexe en matière électorale (*décision n° 82-146 DC du 18 novembre 1982 dite Quotas par sexe ; décision n° 98-407 DC du 14 janvier 1999, loi relative* *au mode d'élection des conseillers régionaux et des conseillers à l'Assemblée de Corse et au fonctionnement des conseils régionaux*), ce qui fut à l'origine d'une révision de la Constitution en 1999.

Le Conseil constitutionnel est également hostile à l'obligation d'un traitement différencié d'individus placés dans des situations différentes (*décision n° 2003-489 DC du 29 décembre 2003, loi de finances pour 2004* : « *Le principe d'égalité impose de traiter de la même façon des personnes qui se trouvent dans la même situation, il n'en résulte pas pour autant qu'il oblige à traiter différemment des personnes se trouvant dans des situations différentes* »).

■ *Les moyens d'une vie digne*

Le respect de la dignité n'implique pas seulement la prohibition de traitements inhumains, dégradants ou encore non-discriminatoires, il inclut également les moyens de mener une existence digne : un logement décent, la protection de la santé et un emploi.

a) Droit à un logement décent

Le droit à un logement décent est protégé en droit constitutionnel depuis une décision du Conseil constitutionnel n° 94-359 DC du 19 janvier 1995, *loi relative à la diversité de l'habitat* : la possibilité de disposer d'un logement décent représente ainsi un objectif de valeur constitutionnelle découlant des alinéas 10 et 11 du Préambule de 1946. Il n'en résulte qu'une obligation de moyens, qui ne peut porter atteinte à d'autres droits fondamentaux comme la liberté ou l'égalité.

Notons que la loi du 5 mars 2007 instituant le droit au logement opposable et portant diverses mesures en faveur de la cohésion sociale crée en revanche une obligation de résultat. Après examen de la demande par une commission de médiation, le préfet est tenu de trouver un logement. Dans le cas contraire, le droit au logement est invocable lors d'un recours formé devant le tribunal administratif. Ainsi, le 20 mai 2008, le tribunal administratif de Paris a reconnu le droit opposable au logement dans une ordonnance rendue au bénéfice d'une famille mal logée qui contestait le rejet de son dossier par la préfecture.

Enfin, ce n'est que récemment que la Cour européenne des droits de l'homme s'est prononcée sur le droit au logement, qui n'est pas formulé explicitement dans la Convention. La Cour s'est notamment basée sur l'article 3 pour condamner la destruction de maisons appartenant à des Roms, car celle-ci présente le caractère d'un traitement dégradant en raison des souffrances mentales considérables qui en résultent (*CEDH, 12 juillet 2005, Moldovan et autres c/Roumanie*). De même, la Cour fait référence à l'article 8 sur le droit au respect du domicile pour souligner la nécessité d'assortir une expulsion d'une solution de relogement (*CEDH, 9 octobre 2007, Stankova c/Slovaquie*).

b) Droit à la protection de la santé

En droit constitutionnel, le droit à la protection de la santé est proclamé par l'alinéa 11 du Préambule de la Constitution de 1946 (La Nation « *garantit à tous, notamment à l'enfant, à la mère et aux vieux travailleurs, la protection de la santé, la sécurité matérielle, le repos et les loisirs* »). La couverture maladie universelle (CMU) répond ainsi à l'objectif d'assurer des soins sans conditions de ressources (*décision n° 99-416 DC du 23 juillet 1999, loi portant création d'une couverture maladie universelle*). L'alinéa 11 garantit également un droit à la sécurité sociale, le Conseil constitutionnel ayant affirmé l'égalité des Français et des étrangers pour l'attribution des prestations sociales (*décision n° 89-269 DC du 27 janvier 1990, loi portant diverses dispositions relatives à la sécurité sociale et à la santé*).

En droit européen, en l'absence de disposition spécifique, la Cour européenne inclut le droit à la santé dans le droit au respect de l'intégrité physique, rattaché à l'article 8 sur le droit au respect de la vie privée (*CEDH, 9 juin 1998, McGinley et Egan c/Royaume-Uni*).

c) Droit d'obtenir un emploi

La Cour européenne des droits de l'homme ne s'aventure que rarement sur le terrain des droits-créances. Cependant, elle reconnaît « *que nulle cloison étanche ne sépare la sphère des droits économiques et sociaux du domaine de la Convention* » (*CEDH, 27 juillet 2004, Sidabras et Dziautas c/Lituanie*). S'agissant du droit d'obtenir un emploi, elle ne le rattache pas à la dignité humaine mais au droit au respect de la vie privée (ConvEDH, art. 8), et juge qu'une interdiction générale d'occuper un emploi dans le secteur privé porte bien atteinte à la vie privée (même arrêt).

En droit constitutionnel français, l'alinéa 5 du Préambule de la Constitution de 1946 garantit le droit d'obtenir un emploi. Le Conseil constitutionnel en précise la portée dans la décision n° 81-134 DC du 5 janvier 1982 (sur les mesures d'ordre social). Il s'agit d'un objectif, non d'une obligation de résultat mais d'une obligation de moyens, qui impose au législateur d'adopter des politiques générales en faveur de l'emploi (par exemple imposer les 35 heures hebdomadaires, décision n° 99-423 DC du 13 janvier 2000, *loi relative à la réduction négociée du temps de travail,* ou verser un revenu de substitution, décision n° 2003-487 DC du 18 décembre 2003 sur le revenu minimum d'insertion et le revenu minimum d'activité). Le revenu de substitution découle de l'alinéa 11 du Préambule de la Constitution de 1946, qui indique que « *tout être humain qui, en raison de son âge, de son état physique ou mental, de la situation économique, se trouve dans l'incapacité de travailler a le droit d'obtenir de la collectivité des moyens convenables d'existence* ».

La liberté individuelle

Chapitre 7

La liberté individuelle recouvre deux aspects. Il s'agit en premier lieu du droit de ne pas être arrêté et détenu arbitrairement, ou droit à la sûreté. Mais il s'agit également de la liberté d'aller et venir, ou liberté de circulation, qui comporte des dispositions particulières pour les étrangers. Une définition très large peut même inclure le droit au respect de la vie privée, étudiée dans le chapitre suivant.

1 La sûreté

La sûreté peut être définie comme le droit de ne pas être arrêté et détenu arbitrairement. Proclamé par l'*Habeas Corpus* de 1679, ce droit est repris à l'article 2 de la Déclaration des droits de l'homme parmi les droits naturels et imprescriptibles de l'homme aux côtés de la liberté, la propriété et la résistance à l'oppression. L'article 8 de la déclaration de la Constitution du 24 juin 1793 propose une définition de cette notion : « *La sûreté consiste dans la protection accordée par la société à chacun de ses membres pour la conservation de sa personne, de ses droits et de ses propriétés* ».

L'article 5 de la Convention européenne des droits de l'homme indique de la même façon : « *Toute personne a droit à la liberté et à la sûreté. Nul ne peut être privé de sa liberté, sauf dans les cas* [énumérés, comme la condamnation par un tribunal] *et selon les voies légales* ». L'exigence de légalité est soulignée, afin d'éviter tout risque d'arbitraire. Cette exigence est applicable non seulement lors de l'arrestation et la détention, qui doivent être conformes au droit national, mais aussi lors de la phase de recours.

L'arrestation et la détention

L'article 66 de la Constitution est la référence du contrôle du Conseil constitutionnel sur les privations de liberté. L'article 5 de la Convention européenne des droits de l'homme est plus précis ; il énumère notamment certaines exceptions au respect de la liberté et de la sûreté : un individu peut être privé de sa liberté « *s'il a été arrêté et détenu en vue d'être conduit devant l'autorité judiciaire compétente, lorsqu'il y a des raisons plausibles de soupçonner qu'il a commis une infraction ou qu'il y a des motifs raisonnables de croire à la nécessité de l'empêcher de commettre une infraction ou de s'enfuir après l'accomplissement de celle-ci* ». Dans ce cas, la personne « *doit être aussitôt traduite devant un juge ou un autre magistrat habilité par la loi à exercer des fonctions judiciaires et a le droit d'être jugée dans un délai raisonnable, ou libérée pendant la procédure* » (art. 5, § 3).

Il existe ainsi deux garanties s'agissant de la durée de la procédure :

- tout d'abord, la durée de la garde à vue ne doit pas être excessive, et la traduction devant un juge doit répondre à une condition de promptitude. Par exemple, la Cour estime qu'une garde à vue de quatre jours et six heures ne respecte pas la notion de promptitude, même dans le cas de la recherche d'infractions terroristes en Irlande du Nord (*CEDH, 29 novembre 1988, Brogan et autres c/Royaume-Uni*) ;
- ensuite, en cas de poursuites judiciaires, la détention provisoire est également soumise à la condition du délai raisonnable. Ainsi, la Cour tolère rarement des détentions provisoires excédant une durée de deux ans (par exemple : *CEDH, 12 décembre 1991, Toth c/Autriche* ; *CEDH, 26 janvier 2012, Sagarzazu c/France*).

L'arrestation et la détention sont en outre soumises à une condition générale d'information : « *Toute personne arrêtée doit être informée, dans le plus court délai et dans une langue qu'elle comprend, des raisons de son arrestation et de toute accusation portée contre elle* » (art. 5, § 2).

Néanmoins, le droit à la liberté et à la sûreté n'est pas absolu, et l'article 15 de la Convention est applicable, permettant de limiter les garanties en cas d'urgence. Ainsi, le Royaume-Uni a pu notifier et déclarer l'existence d'un danger public menaçant la Nation du fait des activités de l'IRA, et a pu prévoir la détention sans comparution devant un juge d'individus suspectés de participer à des activités terroristes (*CEDH, 1er juillet 1961, Lawless c/Royaume-Uni* ; *CEDH, 28 mai 1993, Brannigan et autres c/Royaume-Uni*).

Le droit français traduit ces exigences lors de toutes les étapes de l'arrestation et de la détention :

- les ***contrôles d'identité*** sont strictement encadrés. Il en existe deux catégories :
  - les ***contrôles de police judiciaire*** sont prévus par l'article 78-2 du Code de procédure pénale : tout officier de police judiciaire peut inviter à justifier, par tout moyen, de son identité

toute personne à l'égard de laquelle existent une ou plusieurs raisons plausibles de soupçonner qu'elle a commis ou tenté de commettre une infraction ou qu'elle se prépare à commettre un crime ou un délit ou qu'elle est susceptible de fournir des renseignements utiles à l'enquête en cas de crime ou de délit ou qu'elle fait l'objet de recherches ordonnées par une autorité judiciaire. De même, sur réquisitions écrites du procureur de la République aux fins de recherche et de poursuite d'infractions qu'il précise, l'identité de toute personne peut être également contrôlée, selon les mêmes modalités, dans les lieux et pour une période de temps déterminés par ce magistrat,

- quant aux ***contrôles de police administrative***, ils sont prévus à l'article 78-2 alinéa 3 : l'identité de toute personne, quel que soit son comportement, peut également être contrôlée pour prévenir une atteinte à l'ordre public, notamment à la sécurité des personnes ou des biens.
  Le Conseil constitutionnel a émis une réserve d'interprétation à propos des termes « *quel que soit son comportement* ». Dans la décision n° 93-323 DC du 5 août 1993, *loi relative aux contrôles et vérifications d'identité*, le Conseil indique que « *s'il est loisible au législateur de prévoir que le contrôle d'identité d'une personne peut ne pas être lié à son comportement, il demeure que l'autorité concernée doit justifier, dans tous les cas, des circonstances particulières établissant le risque d'atteinte à l'ordre public qui a motivé le contrôle* ». Ce n'est donc que sous cette réserve d'interprétation que le législateur peut être regardé comme n'ayant pas privé de garanties légales l'existence de libertés constitutionnellement garanties. En outre, à la suite d'une requête dénonçant des contrôles discriminatoires (« au faciès »), le Conseil constitutionnel estime que « *les dispositions [du Code de procédure pénale] n'instituent par elles-mêmes aucune différence de traitement dès lors que toute personne se trouvant sur les lieux et pendant la période déterminés par la réquisition du procureur de la République peut être soumise à un contrôle d'identité. En outre, la mise en œuvre des contrôles ainsi confiés par la loi à des autorités de police judiciaire doit s'opérer en se fondant exclusivement sur des critères excluant toute discrimination de quelque nature que ce soit entre les personnes. Dès lors, le grief tiré de la méconnaissance du principe d'égalité devant la procédure pénale doit être écarté* » *(décision n° 2016-606/607 QPC du 24 janvier 2017, M. Ahmed M. et autre [Contrôles d'identité sur réquisitions du procureur de la République]*) ;

– une personne peut ensuite être obligée de ***comparaître pour être entendue par un officier de police judiciaire*** avec autorisation préalable du procureur de la République. Le Conseil constitutionnel juge toutefois que même si la personne n'est pas maintenue à la disposition de la police sous la contrainte, et qu'elle est entendue parce qu'elle a commis ou tenté de commettre une infraction, elle doit être informée de la nature et de la date de l'infraction et de son droit de quitter à tout moment les locaux de police ou de gendarmerie (*décision du Conseil constitutionnel n° 2012-257 QPC du 18 juin 2012, Société OLANO CARLA et autre [Convocation* *et audition par OPJ en enquête préliminaire]*). Une personne peut également être maintenue en ***« cellule de dégrisement »*** en cas d'ivresse publique, et ce jusqu'à ce qu'elle ait retrouvé la raison (au maximum quelques heures). Toutefois si une garde à vue est décidée à la suite de cette mesure, la durée du placement en chambre de sûreté doit être incluse dans la durée de la garde à vue (*décision n° 2012-253 QPC du 8 juin 2012, M. Mickaël D. [Ivresse publique]*) ;

- en outre, la loi du 31 décembre 2012 institue une ***retenue pour vérification du droit au séjour*** sur le territoire français, d'une durée maximum de 16 heures, la Cour de cassation ayant jugé que la garde à vue ne pouvait être utilisée à cette fin (*Cass. 1re civ., 15 juillet 2012*). Les contrôles donnant lieu à la retenue ne peuvent être effectués que si « *des éléments objectifs déduits de circonstances extérieures à la personne même de l'intéressé sont de nature à faire apparaître sa qualité d'étranger* ». Cette retenue est placée sous le contrôle du procureur de la République qui peut y mettre fin à tout moment, et est assortie de garanties telles que le droit à l'interprète, à l'assistance d'un avocat et à consulter un médecin et le droit à l'aide juridictionnelle ;
- s'agissant de la ***garde à vue***, la loi du 15 juin 2000 place en tête du Code de procédure pénale un article préliminaire qui énonce des principes directeurs régissant l'ensemble de la procédure : « *Les mesures de contraintes dont [la] personne peut faire l'objet sont prises sur décision ou sous le contrôle effectif de l'autorité judiciaire. Elles doivent être strictement limitées aux nécessités de la procédure, proportionnées à la gravité de l'infraction reprochée et ne pas porter atteinte à la dignité de la personne* ». Un entretien avec un avocat est par ailleurs prévu dès la première heure. Cependant, cet état du droit français de la garde à vue ne correspond pas aux exigences du droit des libertés fondamentales. D'une part, dans l'arrêt du 13 octobre 2009, *Dayanan c/ Turquie*, la Cour européenne des droits de l'homme estime que l'entretien avec l'avocat représente un élément de la préparation de la défense de l'accusé, et il semble qu'en France ce ne soit pas le cas. L'entretien de trente minutes consiste en effet davantage à informer l'avocat et à rassurer le gardé à vue. Une condamnation de la France était donc attendue, et ce fut chose faite dans un arrêt du 14 octobre 2010 (*Brusco c/France*), mais au motif que le gardé à vue ne s'était pas vu signifier son droit au silence.

  L'incompatibilité du droit de la garde à vue avec les droits fondamentaux est confirmée d'autre part par le Conseil constitutionnel dans la décision n° 2010-14 QPC du 30 juillet 2010 (*M. Daniel W. et autres [Garde à vue]*). Le Conseil estime en effet que les dispositions du Code de procédure pénale n'instituent pas les garanties appropriées à l'utilisation qui est faite de la garde à vue compte tenu des évolutions depuis la loi encadrant cette procédure en 1993. Aussi pour le Conseil, la conciliation entre la prévention des atteintes à l'ordre public et la recherche des auteurs d'infractions et l'exercice des libertés constitutionnellement garanties ne peut plus être regardée comme équilibrée. Finalement, pour le Conseil, les dispositions de la loi méconnaissent les articles 9 et 16 de la Déclaration de 1789 et doivent être déclarées contraires à la Constitution.

À la suite de ces décisions, le droit de la garde à vue a donc été modifié (loi du 14 avril 2011), permettant à l'avocat d'être présent pendant toute la durée de la garde à vue, et d'accéder aux procès-verbaux d'audition de son client. Un droit au silence du gardé à vue est par ailleurs à nouveau instauré (il avait été créé par la loi du 15 juin 2000, avant d'être supprimé par une loi du 18 mars 2003) ;

- la ***détention provisoire*** fait également l'objet de mesures d'encadrement strict. Elle est ordonnée pour les individus ayant commis les infractions les plus graves (crimes ou délits sanctionnés par une peine d'au moins trois ans d'emprisonnement). La détention provisoire doit être l'unique moyen de conserver des preuves, d'empêcher les pressions sur les témoins, ou de mettre fin à l'infraction notamment (CPP, art. 144). Elle ne doit pas excéder une durée raisonnable ; cependant, la France a déjà été condamnée par la Cour européenne sur ce fondement (*CEDH, 26 juin 1991, Letellier* : les éléments imposant une détention provisoire de presque trois ans n'étaient pas réunis pour la Cour à propos d'une femme accusée d'avoir commandité l'assassinat de son mari ; *CEDH, 26 janvier 2012, Sagarzazu c/France* : une durée de détention provisoire de cinq ans et quatre mois n'est pas compatible avec la Convention même dans une affaire de terrorisme). La loi du 15 juin 2000 crée les juges de la liberté et de la détention afin de mieux contrôler ces atteintes à la liberté individuelle ;
- les ***hospitalisations forcées*** en raison de troubles psychiatriques sont également régies par l'article 5 de la Convention européenne des droits de l'homme (*CEDH, 24 octobre 1979, Winterwerp c/Pays-Bas* ; *CEDH, 17 janvier 2012, Stanev c/Bulgarie*). En droit français, elles sont demandées par un tiers ou par le préfet de police. D'abord encadrées par la loi du 27 juin 1990, ces hospitalisations sont justifiées par des expertises médicales, et imposent l'information du procureur de la République. La France est cependant condamnée dans l'arrêt de la Cour européenne des droits de l'homme du 14 avril 2011 (*Patoux c/France*) pour violation de l'article 5, car le juge judiciaire n'est pas intervenu assez rapidement sur la demande de sortie immédiate d'une personne hospitalisée d'office. De même, le Conseil constitutionnel a jugé que le maintien d'une hospitalisation sans consentement au-delà de quinze jours sans intervention du juge judiciaire était contraire à l'article 66 de la Constitution (*décision n° 2010-71 QPC du 26 novembre 2010, Mlle Danielle S. [Hospitalisation sans consentement]*). Le droit des patients hospitalisés sans consentement a ainsi fait l'objet d'une réforme dans la loi du 5 juillet 2011 relative aux droits et à la protection des personnes faisant l'objet de soins psychiatriques et aux modalités de leur prise en charge. La loi élargit les modalités d'admission tout en renforçant les garanties accordées aux malades. N'ayant toutefois pas fait l'objet d'un recours de constitutionnalité *a priori*, la loi a déjà fait l'objet d'une censure par la voie du recours *a posteriori* s'agissant des

modalités d'hospitalisation d'office des irresponsables pénaux, jugées plus sévères que les modalités de droit commun. Elles sont donc contraires au principe d'égalité (*décision du Conseil constitutionnel n° 2012-235 QPC du 20 avril 2012, Association Cercle de réflexion et de proposition d'actions sur la psychiatrie [Dispositions relatives aux soins psychiatriques sans consentement]*).

■ Les recours contre les privations de liberté

L'article 5, paragraphe 4 de la Convention européenne des droits de l'homme prévoit que « *toute personne privée de sa liberté par arrestation ou détention a le droit d'introduire un recours devant un tribunal, afin qu'il statue à bref délai sur la légalité de sa détention et ordonne sa libération si la détention est illégale* ». La jurisprudence de la Cour exige que ces voies de recours soient accessibles et effectives, et qu'elles respectent le principe du contradictoire (voir par exemple *CEDH, 30 mars 1989, Lamy c/Belgique*).

2 La liberté d'aller et venir

La liberté d'aller et de venir présente plusieurs aspects : droit d'entrée et de sortie du territoire de l'État, droit d'y circuler librement, et liberté d'installation. Des dispositions particulières sont cependant applicables aux non-nationaux.

■ Garantie de la liberté de circulation en général

L'article 2 du protocole n° 4 à la Convention européenne des droits de l'homme, signé en 1963 à Strasbourg, dispose : « *Quiconque se trouve régulièrement sur le territoire d'un État a le droit d'y circuler librement et d'y choisir librement sa résidence. Toute personne est libre de quitter n'importe quel pays, y compris le sien* ».

Une clause d'ordre public accompagne cette disposition : l'article 2 du protocole n° 4 de la Convention européenne évoque les restrictions à la liberté de circulation « *prévues par la loi, [qui] constituent des mesures nécessaires, dans une société démocratique, à la sécurité nationale, à la sûreté publique, au maintien de l'ordre public, à la prévention des infractions pénales, à la protection de la santé ou de la morale, ou à la protection des droits et libertés d'autrui* ».

Dans le cadre de l'Union européenne, la portée de la liberté de circulation est renouvelée grâce à la suppression des contrôles aux frontières dans l'espace Schengen, et à la proclamation par les traités des libertés de circulation des personnes, des travailleurs et des services. La citoyenneté de l'Union créée par le Traité de Maastricht inclut le droit de circuler et de séjourner librement sur le territoire des États membres.

Au niveau constitutionnel, la liberté de circulation est entendue comme la liberté d'aller et venir, incluse dans le principe général de liberté de l'article 4 de la Déclaration des droits de l'homme et du citoyen. Le Conseil constitutionnel l'évoque en tant que principe spécifique dans la décision n° 79-107 DC du 12 juillet 1979 sur les péages. Comme les autres libertés, celle-ci peut être limitée pour des raisons d'ordre public : « *Il appartient au législateur d'assurer la conciliation entre, d'une part, l'exercice de ces libertés constitutionnellement garanties et d'autre part, la prévention des atteintes à l'ordre public et notamment des atteintes à la sécurité des personnes et des biens qui répond à des objectifs de valeur constitutionnelle* » (*décision n° 94-352 DC du 18 janvier1995, loi d'orientation et de programmation relative à la sécurité*). Le Conseil constitutionnel juge ainsi que le législateur peut instaurer des interdictions administratives de sortie du territoire afin de lutter contre le terrorisme (*Conseil constitutionnel, décision n° 2015-490 QPC du 14 octobre 2015, M. Omar K. [Interdiction administrative de sortie du territoire]*).

D'autres mesures portent restriction de la liberté de circulation, comme les arrêtés anti-mendicité, destinés à éloigner les « sans domicile fixe » du centre-ville. Ces arrêtés doivent être annulés lorsqu'ils sont trop généraux, dans le temps et l'espace, car ils doivent théoriquement répondre à une menace précise de l'ordre public (*TA Pau, 22 novembre 1995, Couveinhes et association « Sortir du fond »*).

De même, des mesures de couvre-feu pour les mineurs non accompagnés ne sont légales que si les autorités municipales démontrent l'existence de circonstances locales particulières, ainsi que de risques dans les secteurs concernés (*CE, ord., 27 juillet 2001, Ville d'Étampes*).

Enfin, le législateur peut imposer la détention de titres de circulation aux personnes n'ayant pas de résidence fixe, ou gens du voyage, afin de localiser les individus qui se trouvent sur le territoire. Le Conseil constitutionnel juge toutefois que le législateur ne peut créer de règles distinctes de circulation pour les personnes possédant des revenus réguliers, et les autres. Le Conseil censure donc une partie de la loi du 3 janvier 1969 qui instaure un carnet de circulation visé tous les trois mois par l'autorité administrative pour les personnes ne disposant pas de revenus réguliers (*décision n° 2012-279 QPC du 5 octobre 2012, M. Jean-Claude P. [Régime de circulation des gens du voyage]*).

■ *Dispositions particulières applicables aux étrangers*

La liberté de circulation trouve une limite importante s'agissant des non-nationaux (les ressortissants de l'Union européenne étant assimilés à des nationaux sur le territoire de l'Union). En effet, un État est libre d'accueillir des étrangers et de réglementer leur entrée et leur séjour sur son territoire.

Notamment, l'***expulsion*** est une mesure d'éloignement lorsque l'étranger représente une menace pour l'ordre public. Elle n'est pas interdite par la Constitution ou la Convention européenne des droits de l'homme. Cependant, le droit européen régit les modalités de l'expulsion, car l'article 4 du quatrième protocole additionnel à la Convention dispose que « *les expulsions collectives d'étrangers sont interdites* ». Les expulsions collectives sont celles qui ne prennent pas en compte la situation individuelle de chaque étranger expulsé. En outre, l'article 1er du septième protocole additionnel prévoit des garanties procédurales, puisqu'« *un étranger résidant régulièrement sur le territoire d'un État ne peut en être expulsé qu'en exécution d'une décision prise conformément à la loi et doit pouvoir : faire valoir les raisons qui militent contre son expulsion, faire examiner son cas, et se faire représenter à ces fins devant l'autorité compétente ou une ou plusieurs personnes désignées par cette autorité* ».

En droit français, l'expulsion est décidée par le préfet sous le contrôle du juge administratif. D'autres mesures permettent de refuser l'accueil des étrangers. La ***reconduite à la frontière*** permet ainsi d'éloigner les immigrants illégaux. Quant à l'***extradition***, elle est demandée par un autre État qui souhaite juger un individu contre lequel des poursuites ont été engagées. Le Premier ministre prend alors un décret après avis du juge judiciaire. Le Conseil d'État exerce également un contrôle sur ces mesures.

Le droit au respect de la vie privée

Chapitre 8

Le droit au respect de la vie privée recouvre de multiples aspects. À une définition large de la vie privée et du domicile, s'ajoute une distinction entre la vie privée personnelle (ou individuelle) et la vie privée sociale, c'est-à-dire dans sa dimension sexuelle et familiale.

1 Définition de la vie privée

L'article 8 de la Convention européenne des droits de l'homme dispose : « *Toute personne a droit au respect de sa vie privée et familiale, de son domicile et de sa correspondance.*

Il ne peut y avoir ingérence d'une autorité publique dans l'exercice de ce droit que pour autant que cette ingérence est prévue par la loi et qu'elle constitue une mesure qui, dans une société démocratique, est nécessaire à la sécurité nationale, à la sûreté publique, au bien-être économique du pays, à la défense de l'ordre et à la prévention des infractions pénales, à la protection de la santé ou de la morale, ou à la protection des droits et libertés d'autrui ».

Le droit au respect de la vie privée est l'un des droits dont l'interprétation par la Cour européenne fut la plus active :

- l'article 8 comporte de nombreuses ***obligations positives*** à la charge des États. Non seulement une ingérence des pouvoirs publics dans la sphère privée est condamnable, mais également l'abstention de l'État dans l'adoption de mesures protectrices de la vie privée.

  Notamment, l'État doit adopter une législation pénale adéquate pour sanctionner le viol (*CEDH, 26 mars 1985, X. et Y. c/Pays-Bas*). Il en résulte que l'article 8 est applicable non seulement à l'encontre des pouvoirs publics mais également des personnes privées (on parle alors d'effet horizontal) : les États doivent ainsi adopter toute mesure permettant de faire respecter ce droit même en ce qui concerne les relations interindividuelles ;

- l'interprétation de l'article 8 tient compte de l'évolution de la société, la Convention étant un ***instrument vivant*** qui doit être compris à la lumière du contexte social au sein du Conseil de l'Europe. La Cour a ainsi admis que l'article 8 n'était pas respecté en cas d'absence de reconnaissance juridique de l'identité sexuelle d'un transsexuel (*CEDH, 12 juillet 2002, Goodwin c/ Royaume-Uni*) ;
- la Cour a une conception large de la vie privée, qui recouvre non seulement la sphère d'intimité de l'individu, mais aussi son intégrité physique et morale ainsi que sa vie sexuelle, et enfin le droit pour l'individu de nouer et développer des relations avec ses semblables (*CEDH, 16 décembre 1992, Niemetz c/Allemagne*).

En droit français, le droit au respect de la vie privée fut en revanche longtemps oublié. La loi du 17 juillet 1970 modifie le Code civil (art. 9) pour disposer que « *chacun a droit au respect de sa vie privée* ».

La concrétisation du droit au respect de la vie privée a fait l'objet d'une certaine réticence de la part du Conseil constitutionnel : dans sa décision n° 94-352 DC du 18 janvier 1995 sur la sécurité, celui-ci indique qu'il appartient au législateur d'assurer la conciliation entre les objectifs de sécurité (qui ont valeur constitutionnelle) et l'exercice des libertés publiques constitutionnellement garanties « *au nombre desquelles figurent la liberté individuelle et la liberté d'aller et venir ainsi que l'inviolabilité du domicile* », et que « *la méconnaissance du droit au respect de la vie privée peut être de nature à porter atteinte à la liberté individuelle* ».

Il en résulte que le droit au respect de la vie privée n'est qu'un élément d'un principe constitutionnel. La décision n° 99-416 DC du 23 juillet 1999 sur la couverture maladie universelle concrétise le droit à la vie privée de manière moins indirecte, mais toujours en tant qu'élément d'une disposition constitutionnelle : le Conseil estime ainsi que la liberté proclamée par l'article 2 de la Déclaration des droits de l'homme implique le respect de la vie privée.

D'autres décisions concernent la liberté du mariage et le droit de mener une vie familiale normale (*décision n° 2006-542 DC du 9 novembre 2006, loi relative au contrôle de la validité des mariages*) ou le secret des communications privées (*décision n° 2004-496 DC du 10 juin 2004, loi pour la confiance dans l'économie numérique*).

2 La vie privée personnelle

La protection de la vie privée personnelle inclut le respect du domicile, des correspondances, de l'image et des données personnelles.

■ *Le domicile*

La notion de « domicile » est une ***notion autonome*** de la Convention, c'est-à-dire qu'elle ne dépend pas des qualifications en droit interne. La notion de « domicile » est entendue de façon souple et recouvre une multitude de lieux qualifiés au cas par cas de domicile par la Cour européenne. Ainsi, le lieu d'exercice de l'activité professionnelle est inclus dans la notion de domicile (*CEDH, 25 février 1993, Funke, Crémieux et Miailhe c/France*).

Le respect du domicile implique que les expulsions doivent être exceptionnelles, la France ayant par exemple été condamnée pour avoir pris la décision d'expulser des Roms de terrains sur lesquels ils vivaient de longue date (*CEDH, 17 octobre 2013, Winterstein c/France*). Le respect du domicile implique également l'encadrement strict des perquisitions au domicile privé ou professionnel (*CEDH, 9 décembre 2004, Van Rossem c/Belgique*). La perquisition peut être définie comme la fouille inopinée du domicile dans le but de trouver et de saisir des objets dont la découverte serait utile à la manifestation de la vérité.

En droit français, les perquisitions sont prévues par le Code pénal : elles sont décidées par le juge d'instruction dans le cadre d'une enquête judiciaire au domicile de la personne mise en examen ou au domicile d'une autre personne ; mais elles peuvent également être décidées par un officier de police judiciaire en cas de crime ou de délit flagrant passible d'emprisonnement. Les perquisitions s'effectuent en présence de la personne ou d'un représentant. Les perquisitions sont interdites de nuit (21 heures/6 heures) sauf décision spéciale du juge d'instruction. Le secret professionnel de certaines personnes est protégé (avocats, médecins, notaires, huissiers). Dans ce cas, la perquisition est effectuée par un magistrat et en présence d'un représentant de l'ordre professionnel concerné.

Ces garanties s'appliquent également aux perquisitions douanières (*décision du Conseil constitutionnel n° 2013-357 QPC du 29 novembre 2013, Société Wesgate Charters Ltd [Visite des navires par les agents des douanes]*).

Notons qu'une interprétation large de la notion de respect de la vie privée et familiale permet à la Cour européenne d'inclure le droit de vivre dans un environnement sain. Dans l'arrêt *Lopez Ostra c/Espagne* du 9 décembre 1994, relatif à des émanations nauséabondes d'une station d'épuration des eaux et de traitement des déchets d'une tannerie, la Cour affirme que des atteintes graves à l'environnement peuvent affecter le bien-être d'une personne et la priver de la jouissance de son domicile de manière à nuire à sa vie privée et familiale.

Ainsi, la jouissance effective du droit au respect du domicile (et de la vie privée et familiale) implique que l'État adopte des mesures positives pour protéger les individus contre des atteintes graves à leur environnement. Ces obligations incluent celle de fournir des informations pertinentes quant aux risques graves de pollution (*CEDH, 19 février 1998, Guerra c/Italie*), ou encore celle d'organiser un service de collecte, de traitement et d'élimination des déchets (*CEDH, 10 janvier 2012, Di Sarno c/Italie*).

Les correspondances

Le droit au respect de la vie privée inclut le respect du secret de la correspondance, c'est-à-dire le droit d'échanger confidentiellement avec autrui par un moyen de communication (lettres, téléphone, courrier électronique).

Le cas des écoutes téléphoniques a donné lieu à un contentieux européen à l'encontre de la France. Les arrêts *Kruslin c/France* et *Huvig c/France* du 24 avril 1990 ont entraîné l'adoption d'une loi (loi du 10 juillet 1991), car le juge européen estimait que l'origine essentiellement jurisprudentielle des garanties entourant les écoutes n'était pas suffisante.

Les ***écoutes administratives*** (interceptions de sécurité) doivent, depuis 1991, faire l'objet d'une autorisation écrite et motivée du Premier ministre sur proposition du ministre de la Défense, de l'Intérieur ou chargé des Douanes, pour un objectif de sécurité nationale, de sauvegarde du potentiel scientifique et économique de la France, de prévention du terrorisme, de la criminalité ou de la délinquance organisée. Enfin, l'enregistrement doit être détruit au bout de dix jours, ce que vérifie la Commission nationale de contrôle des techniques de renseignement (loi du 24 juillet 2015 relative au renseignement).

Quant aux ***écoutes judiciaires*** (autorisées par un juge d'instruction), elles sont régies depuis 1991 par les nouveaux articles 100 à 100-7 du Code de procédure pénale. Elles sont prévues en matière criminelle et correctionnelle, lorsque la peine est supérieure à deux ans d'emprisonnement. Elles font l'objet d'une décision écrite et motivée fixant la durée de l'écoute, inférieure à quatre mois sauf renouvellement dans les mêmes conditions. Enfin, le procès-verbal est dressé par le juge d'instruction ou l'officier de police judiciaire, et les enregistrements sont placés sous scellés puis détruits lorsque l'action publique est prescrite.

S'agissant du cas particulier de la ***correspondance des détenus***, la Convention européenne protège aussi bien les conversations orales au parloir, que leur correspondance écrite (*CEDH, 25 mars 1992, Campbell c/Royaume-Uni*). Toute limitation du droit de correspondre doit être prévue par la loi. Une obligation positive pèse même sur les autorités d'accorder au détenu les fournitures nécessaires à la correspondance.

L'image

Le droit au respect de la vie privée inclut également le droit à l'image et la réputation (*CEDH, 24 juin 2004, Von Hannover c/Allemagne*). Une obligation positive pèse en outre sur l'État qui doit sanctionner les atteintes commises par des personnes privées à la réputation des individus, même s'ils ont une carrière publique. De même, l'article 9 du Code civil français sur le respect de la vie privée inclut la protection de l'image en tant qu'élément de la personnalité. Le nouveau Code pénal punit ainsi les captations (art. 226-1) et divulgations (art. 226-2) de l'image ou de la voix, ou de renseignements relatifs à la vie privée. La victime peut obtenir des dommages et intérêts, mais aussi toute mesure pour faire cesser l'atteinte à l'intimité de la vie privée, notamment des saisies ou la publication d'un rectificatif.

La loi du 21 janvier 1995 porte quant à elle sur la vidéosurveillance, qui est soumise à une autorisation préfectorale expresse et à l'avis d'une commission départementale présidée par un magistrat, pour une installation exclusivement aux abords des voies publiques. La loi du 14 mars 2011 d'orientation et de programmation pour la performance de la sécurité intérieure (dite LOPPSI) évoque quant à elle la « vidéoprotection », et en permet un usage plus développé.

Les données personnelles

L'accès aux données personnelles peut être limité par des dispositions spécifiques, comme celles régissant l'accouchement sous X par exemple (le Conseil constitutionnel n'y voit pas d'atteinte à la Constitution dans la *décision n° 2012-248 QPC du 16 mai* 2012, *M. Mathieu E. [Accès aux origines personnelles]*). Mais, plus généralement, c'est la problématique de la création et de l'accès aux fichiers contenant ces données qui a engendré le plus grand nombre de contentieux.

La création de fichiers peut être motivée par des considérations d'intérêt général, telle la santé publique ou l'ordre public (fichiers de police). Aussi, la protection des données personnelles a fait l'objet d'une jurisprudence attentive du Conseil constitutionnel. Par exemple, à l'occasion de la création du dossier médical personnel, le Conseil indique que l'instauration du dossier est entourée de nombreuses garanties légales :

– il est élaboré « dans le respect du secret médical » ;
– l'hébergement des données et la possibilité d'y accéder sont subordonnés au consentement de la personne concernée ;
– l'hébergeur doit faire l'objet d'un agrément ;

– et l'accès au dossier par un professionnel de santé est soumis à l'observation des règles déontologiques.

Aussi, « *eu égard aux finalités des dispositions contestées, qui sont, d'une part, d'améliorer la qualité des soins, d'autre part, de réduire le déséquilibre financier de l'assurance-maladie, et compte tenu de l'ensemble des garanties qui viennent d'être rappelées, le législateur a opéré, entre les exigences constitutionnelles en cause, une conciliation qui n'apparaît pas manifestement déséquilibrée* » (*décision n° 2004-504 DC du 12 août 2004, loi relative à l'assurance-maladie*).

Le Conseil constitutionnel examine avec la même attention les garanties entourant le fichier d'empreintes génétiques dans la décision n° 2010-25 QPC du 16 septembre 2010 (*M. Jean-Victor C. [Fichier empreintes génétiques]*) :

– le fichier est placé sous le contrôle d'un magistrat ;
– le prélèvement d'ADN ne comporte aucun procédé douloureux, intrusif ou attentatoire à la dignité des personnes ;
– la loi n'autorise pas l'examen des caractéristiques génétiques des personnes ayant fait l'objet de ces prélèvements ;
– la loi prévoit un droit d'accès et une procédure d'effacement ;
– l'utilisation du fichier permet aussi bien d'accuser des individus que d'en innocenter d'autres.

En revanche, dans la décision n° 2012-652 DC du 22 mars 2012 (*Loi relative à la protection de l'identité*), le Conseil constitutionnel censure la création du fichier national des données personnelles, dont le but est de sécuriser les titres d'identité, pour les motifs suivants :

– le traitement de données à caractère personnel est destiné à recueillir les données relatives à la quasi-totalité de la population de nationalité française ;
– les données biométriques enregistrées dans ce fichier, notamment les empreintes digitales, étant par elles-mêmes susceptibles d'être rapprochées de traces physiques laissées involontairement par la personne ou collectées à son insu, sont particulièrement sensibles ;
– les dispositions de la loi déférée autorisent la consultation ou l'interrogation de ce fichier non seulement aux fins de délivrance ou de renouvellement des titres d'identité et de voyage et de vérification de l'identité du possesseur d'un tel titre, mais également à d'autres fins de police administrative ou judiciaire.

Le Conseil constitutionnel estime finalement qu'« *eu égard à la nature des données enregistrées, à l'ampleur de ce traitement, à ses caractéristiques techniques et aux conditions de sa consultation, les dispositions de [la loi] portent au droit au respect de la vie privée une atteinte qui ne peut être regardée comme proportionnée au but poursuivi* ».

La Charte des droits fondamentaux de l'Union européenne quant à elle innove en incluant expressément des dispositions relatives à la protection des données personnelles : son article 8 indique ainsi que « *toute personne a droit à la protection des données à caractère personnel la concernant. Ces données doivent être traitées loyalement, à des fins déterminées et sur la base du consentement de la personne concernée ou en vertu d'un autre fondement légitime prévu par la loi. Toute personne a le droit d'accéder aux données collectées la concernant et d'en obtenir la rectification. Le respect de ces règles est soumis au contrôle d'une autorité indépendante* ».

Justement en droit français, la Commission nationale de l'informatique et des libertés est une autorité administrative indépendante créée par la loi du 6 janvier 1978, chargée de recenser les fichiers, de contrôler les applications informatiques, mais aussi d'infliger des sanctions. La création de fichiers peut suivre des procédures différentes (absence de formalités, déclarations simplifiées ou non, autorisation, avis de la CNIL) suivant la nature du fichier.

3 La vie privée sociale

La vie privée sociale inclut la liberté de la vie et de l'identité sexuelles, le droit au mariage et le droit au respect de la vie familiale.

■ *La liberté de la vie et de l'identité sexuelles*

L'interprétation large et actuelle de la notion de vie privée a conduit la Cour européenne à inclure la liberté de la vie sexuelle, en conformité avec son orientation sexuelle et son identité profonde :

- l'***homosexualité*** entre adultes ne saurait être réprimée pénalement (*CEDH, 22 octobre 1981, Dudgeon c/Royaume-Uni*). La combinaison de l'article 8 avec l'article 14 qui interdit les discriminations permet de sanctionner les distinctions fondées sur l'orientation sexuelle. C'est ainsi le cas concernant une législation qui prévoit un âge différent pour les majorités hétérosexuelle et homosexuelle (*CEDH, 9 janvier 2003, L. et V. c/Autriche*). De même, le refus d'un agrément d'adoption opposé à une candidate homosexuelle est contraire aux articles 8 et 14 de la Convention (*CEDH, 22 janvier 2008, Emmanuelle B. c/France*) ;
- le ***transsexualisme*** est également protégé, spécialement le droit à la rectification des actes d'état civil. Il n'en a pas toujours été ainsi : l'arrêt du 17 octobre 1986, *Rees c/Royaume-Uni*, avait en effet conclu à l'absence de dénominateur commun au sein du Conseil de l'Europe, et d'obligation pour les États de modifier l'état civil des transsexuels. Toutefois, l'arrêt *B. c/France* du 25 mars 1992 conclut à une violation de l'article 8 par la France qui ne permet pas la rectification des actes d'état civil.

Le droit au mariage

L'article 12 de la Convention européenne des droits de l'homme dispose : « *À partir de l'âge nubile, l'homme et la femme ont le droit de se marier et de fonder une famille selon les lois nationales régissant l'exercice de ce droit* ». Droit au mariage et droit de fonder une famille sont ainsi dissociés dans cet article, mais aussi de manière très nette dans les positions de la Commission puis de la Cour européenne : l'impossibilité de procréer n'est ainsi pas un obstacle au mariage, qu'elle découle d'une absence de vie commune (*Comm. EDH, 13 décembre 1979, Hamer c/ Royaume-Uni*) ou du mariage d'un transsexuel et d'une personne de même sexe biologique (*Comm. EDH, 9 mai 1989, Cossey c/Royaume-Uni*).

La liberté du mariage peut certes être réglementée par la loi nationale, mais dans des limites raisonnables, d'après la jurisprudence de la Cour (*CEDH, 18 décembre 1987, F. c/Suisse*) : une interdiction de remariage pendant un délai allant d'un à trois ans après un divorce s'analyse donc comme une atteinte à l'article 12.

En outre, l'article 12 doit être rapproché de l'article 5 du protocole n° 7 à la Convention européenne des droits de l'homme, qui proclame l'égalité de droits et de responsabilités des époux durant le mariage et lors de sa dissolution, mais aussi dans les relations avec les enfants.

Enfin, le droit au mariage n'implique pas le droit au divorce (*CEDH, 18 décembre 1986, Johnston et autres c/Irlande*).

En droit constitutionnel français, la liberté du mariage est considérée comme une composante de la liberté personnelle découlant des articles 2 et 4 de la Déclaration des droits de l'homme et du citoyen (*décision n° 2003-484 DC du 20 novembre 2003 sur la maîtrise de l'immigration*). Dans cette décision, le Conseil constitutionnel censure une disposition de la loi qui prévoit le signalement au préfet de l'étranger en situation irrégulière souhaitant se marier. En effet, cette disposition, de nature à dissuader les étrangers de se marier, porte atteinte au principe constitutionnel de la liberté du mariage.

En revanche, le législateur peut instaurer des restrictions visant à protéger les candidats au mariage : par exemple, en exigeant l'autorisation du curateur pour le mariage des personnes en curatelle (*décision n° 2012-260 QPC du 29 juin 2012, M. Roger D. [Mariage d'une personne en curatelle]*), ou encore en permettant au procureur de la République de s'opposer aux mariages célébrés en violation des règles d'ordre public (mariages sans consentement ou contraints : *décision n° 2012-261 QPC du 22 juin 2012, M. Thierry B. [Consentement au mariage et opposition à mariage]*).

Le législateur peut également chercher à lutter contre les mariages blancs (mariages dont l'unique but est d'acquérir un titre de séjour ou la nationalité française). En instaurant une présomption de fraude lorsque les époux cessent leur communauté de vie moins d'un an après la demande de nationalité par le conjoint étranger, le législateur n'a pas porté d'atteinte inconstitutionnelle au droit au respect de la vie privée (*décision du Conseil constitutionnel n° 2012-227 QPC du 30 mars 2012, M. Omar S. [Conditions de contestation par le procureur de la République de l'acquisition de la nationalité par mariage]*).

Plusieurs questions délicates sont néanmoins posées par ce droit au mariage :

- le ***mariage d'un transsexuel*** avec une personne de sexe biologique identique a d'abord été jugé incompatible avec l'article 12, qui vise uniquement, selon la Cour européenne, « *le mariage traditionnel* », c'est-à-dire de deux personnes de sexe biologique différent (*CEDH, 17 octobre 1986, Rees c/Royaume-Uni*). Un revirement de jurisprudence en 2002 (*CEDH, 11 juillet 2002, Goodwin c/Royaume-Uni*) révèle une interprétation plus littérale de l'article 12, qui prévoit que l'homme et la femme peuvent se marier, ce qui n'exclut pas que l'un ou l'autre ait changé de sexe ;
- le ***mariage homosexuel*** semble en revanche totalement exclu de l'article 12, ce que confirme la Cour européenne, qui ne relève en outre aucun dénominateur commun entre les États qui autoriserait une évolution sur cette question. L'article 9 de la Charte des droits fondamentaux de l'Union européenne, quant à lui, ne fait pas référence à l'homme et à la femme, ce qui permet d'envisager l'union homosexuelle (« *Le droit de se marier et le droit de fonder une famille sont garantis selon les lois nationales qui en régissent l'exercice* »).

En France, le Conseil constitutionnel avait confirmé la constitutionnalité de l'interdiction du mariage homosexuel dans la décision n° 2010-92 QPC du 28 janvier 2011, *Mme Corinne C. et autre [Interdiction du mariage entre personnes de même sexe]*. En guise de régime de substitution, le PACS (pacte civil de solidarité) est un contrat conclu entre deux personnes physiques majeures de sexe différent ou de même sexe, pour organiser leur vie commune (C. civ., art. 515-1). La loi du 18 mai 2013 ouvre finalement le mariage aux couples de même sexe. Dans sa décision n° 2013-669 DC du 17 mai 2013 sur cette loi, le Conseil constitutionnel a affirmé « *qu'en ouvrant l'accès à l'institution du mariage aux couples de personnes de même sexe, le législateur a estimé que la différence entre les couples formés d'un homme et d'une femme et les couples de personnes de même sexe ne justifient plus que ces derniers ne puissent accéder au statut et à la protection juridique attachés au mariage ; qu'il n'appartient pas au Conseil constitutionnel de substituer son appréciation à celle du législateur sur la prise en compte, en matière de mariage, de cette différence de situation* ».

Le droit au respect de la vie familiale

Le droit au respect de la vie familiale découle de l'article 8 de la Convention européenne des droits de l'homme. Il s'applique aux familles déjà constituées (*CEDH, 13 juin 1979, Marckx c/Belgique*), et non au désir d'en fonder une, par la voie de l'adoption notamment (*CEDH, 26 février 2002, Fretté c/France* ; *décision du Conseil constitutionnel n° 2010-39 QPC du 6 octobre 2010, Mmes Isabelle D. et Isabelle B. [Adoption au sein d'un couple non marié]*).

L'article 8 a des implications multiples :

– il concerne notamment le respect de la vie familiale aussi bien pour les enfants légitimes que pour les ***enfants naturels*** (adultérins) : l'égalité de droits entre les enfants est consacrée par l'arrêt *Marckx c/Belgique* précité. Il sous-entend le droit d'établir sa filiation, qui bénéficie aussi bien aux enfants légitimes que naturels, même si des différences peuvent être opérées s'agissant de l'établissement de la filiation paternelle. En outre, l'arrêt *Marckx* inclut une égalité patrimoniale, s'agissant des droits successoraux. Dans cet arrêt, c'est l'impossibilité de prétendre à la succession pour un enfant naturel qui est sanctionnée. Mais une inégalité successorale est également prohibée, impliquant une réduction des droits (*CEDH, 1er février 2000, Mazurek c/France*). La loi du 3 décembre 2001 et l'ordonnance du 4 juillet 2005 prennent acte de cette condamnation en supprimant la distinction entre enfants naturels et légitimes ;

– l'article 8 s'applique en outre à la ***vie familiale des étrangers*** aussi bien que des nationaux (*CEDH, 28 mai 1985, Abdulaziz, Cabales et Balkandali c/Royaume-Uni*). Cependant, la notion de vie familiale est entendue dans ce cas de manière stricte : elle se limite au noyau familial composé des parents et des enfants mineurs. Aussi en droit français, l'application de l'article 8 peut avoir des conséquences importantes : le Conseil d'État annule ainsi un arrêté d'expulsion d'un étranger trafiquant de stupéfiants au motif que la décision portait atteinte à sa vie privée et familiale. En l'espèce l'individu assumait seul la garde des enfants en raison de l'état de santé de la mère, régulièrement hospitalisée (*CE, 23 avril 2009, M. A.*). De la même façon, la Cour européenne des droits de l'homme estime que l'absence de recours suspensif contre une mesure d'éloignement des étrangers en Guyane porte atteinte au droit au recours combiné avec l'article 8 de la Convention (*CEDH, 13 décembre 2012, De Souza Ribeiro c/France*) ;

– l'article 8 implique la ***reconnaissance des liens de filiation***, même en cas de gestation pour autrui pratiquée à l'étranger : « *les effets de la non-reconnaissance en droit français du lien de filiation entre les enfants ainsi conçus et les parents d'intention ne se limitent pas à la situation de ces derniers, qui seuls ont fait le choix des modalités de procréation que leur reprochent les autorités françaises : ils portent aussi sur celle des enfants eux-mêmes, dont le droit au respect de la vie privée, qui implique que chacun puisse établir la substance de son identité, y compris sa filiation, se trouve significativement affecté. Se pose donc une question grave de* *compatibilité de cette situation avec l'intérêt supérieur des enfants, dont le respect doit guider toute décision les concernant* » (*CEDH, 26 juin 2014, Mennesson c/France*) ;

– enfin, le droit au respect de la vie familiale a permis à la Cour d'empiéter sur le terrain des ***droits sociaux*** oubliés par la Convention. Ainsi, la Cour inclut dans l'article 8 le droit d'obtenir une allocation de congé parental : « *Le versement de cette allocation par l'État vise à favoriser la vie familiale et a nécessairement une incidence sur l'organisation de celle-ci, puisqu'elle permet, associée au congé parental, à l'un des parents de rester au foyer pour s'occuper de leur enfant. [...] L'attribution de l'allocation de congé parental permettant à l'État de témoigner son respect pour la vie familiale, au sens de l'article 8 de la Convention, elle entre donc dans le champ d'application de ce dernier* » (*CEDH, 27 mars 1998, Petrovic c/Autriche*).

Les libertés d'opinion, de conscience et de religion

Chapitre 9

L'article 9 de la Convention européenne des droits de l'homme dispose « Toute personne a droit à la liberté de pensée, de conscience et de religion ». Ces libertés ne peuvent cependant être exercées que si l'individu accède à l'instruction et à la culture.

1 Le présupposé : le droit à l'instruction et à la culture

Existe-t-il un droit à l'instruction et à la culture ? Si le droit européen ne reconnaît que des obligations limitées dans cette matière, le droit constitutionnel français consacre de véritables droits à l'instruction et à la culture :

- la Convention européenne des droits de l'homme ne reconnaît pas en général, de droit-créance, c'est-à-dire de droits dont la concrétisation résulte d'une action de l'État, et non de son abstention. L'article 2 du protocole additionnel n° 1 à la Convention dispose : « *Nul ne peut se voir refuser le droit à l'instruction* ». Cette formulation négative est en retrait par rapport à la consécration pleine et entière d'une obligation positive de l'État d'organiser un système d'éducation gratuit. Elle implique seulement un droit d'accès non discriminatoire aux établissements scolaires et la reconnaissance officielle des études suivies par l'obtention d'un diplôme notamment.
  En outre, l'article 2 indique que « *l'État, dans l'exercice des fonctions qu'il assumera dans le domaine de l'éducation et de l'enseignement, respectera le droit des parents d'assurer cette éducation et cet enseignement conformément à leurs convictions religieuses et philosophiques* ». Il s'agit là de la reconnaissance de la liberté religieuse en matière éducative ;
- en France en revanche, le droit à l'instruction a fait l'objet d'une reconnaissance ancienne : la Constitution de 1793 indiquait ainsi : « *L'instruction est le besoin de tous. La société doit*

favoriser de tout son pouvoir les progrès de la raison publique et mettre l'instruction à la portée des citoyens ». Mais ce n'est qu'avec Jules Ferry que ce droit se concrétise, sous la forme d'une obligation scolaire et d'un enseignement gratuit et laïc (lois du 16 juin 1881 et du 28 mars 1882). La Constitution de 1946 constitutionnalise ce droit : le treizième alinéa du Préambule de 1946 garantit « *l'égal accès de l'enfant et de l'adulte à l'instruction, à la formation professionnelle et à la culture* ». En outre, « *l'organisation de l'enseignement public gratuit et laïc à tous les degrés* » est « *un devoir de l'État* ». L'obligation scolaire implique ainsi un devoir de l'État de rendre le droit à l'éducation effectif, notamment pour les enfants handicapés (*CE, 8 avril 2009, Laruelle*). Cet enseignement public n'empêche pas la création d'un enseignement privé, conformément à la liberté de l'enseignement, principe fondamental reconnu par les lois de la République sous la plume du Conseil constitutionnel (*décision n° 77-87 DC du 23 novembre 1977 sur la liberté de l'enseignement*). La loi Debré du 31 décembre 1959 permet ainsi aux établissements privés de choisir leur statut, comme le contrat d'association avec l'État (l'État rémunère les enseignants et contrôle l'établissement).

Si le droit à l'éducation est reconnu, il n'y a pas d'obligation s'agissant de l'enseignement des langues. Dans la décision n° 2001-454 DC du 17 janvier 2002, loi relative à la Corse, le Conseil constitutionnel affirme même que l'enseignement de la langue corse dans les écoles de l'île peut être prévu par la loi, sous réserve qu'il revête, tant dans son principe que dans ses modalités de mise en œuvre, un caractère facultatif. Il n'en est pas de même s'agissant des langues nationales, si celles-ci sont officiellement reconnues (*CEDH, 23 juillet 1968, Affaire linguistique belge*).

Notons que la Charte des droits fondamentaux de l'Union européenne inclut une formulation très développée du droit à l'éducation : « *Toute personne a droit à l'éducation, ainsi qu'à l'accès à la formation professionnelle et continue. Ce droit comporte la faculté de suivre gratuitement l'enseignement obligatoire. La liberté de créer des établissements d'enseignement dans le respect des principes démocratiques, ainsi que le droit des parents d'assurer l'éducation et l'enseignement de leurs enfants conformément à leurs convictions religieuses, philosophiques et pédagogiques, sont respectés selon les lois nationales qui en régissent l'exercice* ».

2 Les libertés d'opinion et de conscience

La liberté d'opinion relève du for intérieur : il s'agit du droit d'avoir une conviction. La liberté de conscience quant à elle suppose que l'on agisse conformément à ses opinions.

La liberté d'opinion

La liberté d'opinion est protégée par l'article 9 de la Convention européenne des droits de l'homme, et par l'article 10 de la Déclaration des droits de l'homme et du citoyen : « *Nul ne doit être inquiété pour ses opinions, même religieuses, pourvu que leur manifestation ne trouble pas l'ordre public établi par la loi* ».

La liberté d'opinion peut être définie comme la liberté d'avoir des convictions quelles qu'elles soient, politiques, philosophiques ou religieuses notamment. En droit européen, la Cour a par exemple reconnu la liberté d'avoir des opinions pacifistes, ou de s'opposer à la pratique de la chasse.

La liberté d'opinion inclut le droit d'avoir une opinion et de la manifester. La liberté religieuse présente quant à elle des caractéristiques spécifiques.

La liberté de conscience

La liberté de conscience présente une dimension plus concrète : il s'agit de la liberté d'agir en fonction de ses convictions.

Le Conseil constitutionnel l'a érigée en principe fondamental reconnu par les lois de la République dans la décision n° 77-87 DC du 23 novembre 1977 sur la liberté de l'enseignement.

La liberté de conscience est notamment garantie grâce à la reconnaissance de l'objection de conscience, qui permet de ne pas accomplir le service militaire obligatoire pour des raisons religieuses ou de conscience. Si pendant longtemps l'objection de conscience n'est pas protégée spécifiquement par le droit européen, le service civil est organisé dans de nombreux États, souvent d'une durée supérieure au service militaire afin de ne pas encourager les candidats à l'objection de conscience. Par exemple en France, la loi du 21 décembre 1963 reconnaissait l'objection de conscience et créait un service de 32 mois au lieu de 16 mois pour le service militaire (le service militaire obligatoire étant aujourd'hui aboli en France). Finalement, la Grande Chambre de la Cour européenne des droits de l'homme reconnaît ce droit dans un arrêt du 7 juillet 2011, *Bayatyan c/Arménie*, lequel revient sur la position initiale de la Cour (*arrêt du 27 octobre 2009*).

De même, le Conseil constitutionnel admet que le service civil doit être comptabilisé comme le service militaire dans le calcul des droits à la retraite (*décision n° 2011-181 QPC du 13 octobre 2011, M. Antoine C. [Objection de conscience et calcul de l'ancienneté dans la fonction publique]*).

En outre, la liberté de conscience est concernée s'agissant du refus pour un médecin de pratiquer une interruption volontaire de grossesse. Une clause de conscience doit ainsi être prévue (*décisions n° 74-75 DC du 15 janvier 1975, interruption volontaire de grossesse ; n° 2001-446 DC du 27 juin 2001, loi relative à l'interruption volontaire de grossesse et à la contraception*).

En revanche, le Conseil constitutionnel considère que les maires ne peuvent se prévaloir d'une clause de conscience les empêchant de célébrer des unions de personnes de même sexe (*décision n° 2013-353 QPC du 18 octobre 2013, M. Franck M. et autres [Célébration du mariage – Absence de « clause de conscience » de l'officier de l'état civil]*).

3 La liberté religieuse

Proclamant la liberté de religion, l'article 9 de la Convention européenne des droits de l'homme indique que « *ce droit implique la liberté de changer de religion ou de conviction, ainsi que la liberté de manifester sa religion ou sa conviction individuellement ou collectivement, en public ou en privé, par le culte, l'enseignement, les pratiques et l'accomplissement des rites* ».

Cette disposition implique plusieurs garanties :

– le droit d'avoir ou de ne pas avoir de religion, mais aussi de changer de religion ;

– le droit de manifester sa religion. Ceci inclut le prosélytisme dès lors qu'il n'est pas abusif (*CEDH, 25 mai 1993, Kokkinakis c/Grèce*). Ceci inclut également le droit de manifester sa religion sur son lieu de travail si le port de signes religieux est compatible avec les conditions de travail (*CEDH, 15 janvier 2013, Eweida c/Royaume-Uni* et *Chaplin c/Royaume-Uni* : le port d'une croix est compatible avec la profession d'hôtesse de l'air, mais pas avec celle d'infirmière pour des raisons d'hygiène et de sécurité à l'hôpital). S'agissant du port du voile, en l'absence de dénominateur commun dans les États du Conseil de l'Europe, la Cour européenne admet que les États disposent à ce sujet d'une marge d'appréciation, et qu'en application du principe de laïcité, le port du voile soit interdit dans les établissements d'enseignement (*CEDH, 10 novembre 2005, Leyla Sahin c/Turquie* : la Cour analyse précisément le contexte social et religieux en Turquie, et estime que dans ce contexte, « *c'est le principe de laïcité [...] qui est la considération primordiale ayant motivé l'interdiction du port de symboles religieux dans les universités. Dans un tel contexte, où les valeurs de pluralisme, de respect des droits d'autrui et, en particulier, d'égalité des hommes et des femmes devant la loi, sont enseignées et appliquées dans la pratique, l'on peut comprendre que les autorités compétentes aient voulu préserver le caractère laïque de leur établissement et ainsi estimé comme contraire à ces valeurs d'accepter le port de tenues religieuses, y compris, comme en l'espèce, celui du foulard islamique* »). De même, une sanction d'exclusion définitive frappant les élèves refusant de retirer leur foulard lors des cours d'éducation physique ne contrevient pas à l'article 9 de la Convention (*CEDH, 4 décembre 2008, Kervanci c/France*) ; l'interdiction française de la dissimulation du visage en public (notamment par un voile intégral) n'est pas non plus incompatible avec l'article 9 dans la mesure où elle vise à garantir les conditions du « vivre ensemble » (*CEDH, 1er juillet 2014, S. A. S. c/France*). La Cour accepte également l'interdiction des signes religieux pour les agents publics en France, au nom du modèle français de laïcité (*CEDH, 26 novembre 2015, Ebrahimian c/France*). En revanche, la Cour respecte également la marge d'appréciation de l'Italie lorsqu'elle admet que des crucifix peuvent être placés dans des salles de classe de l'école publique (*CEDH, 18 mars 2011, Lautsi c/Italie*) ;

- le droit de pratiquer le culte, et notamment d'établir une église ou un lieu de prière (*CEDH, 26 septembre 1996, Manoussakis et autres c/Grèce*) ;
- la liberté organisationnelle et de fonctionnement de la communauté religieuse (*CEDH, 26 octobre 2000, Hassan et Tchaouch c/Bulgarie*) ;
- enfin, la liberté religieuse s'exerce sans discrimination (*CEDH, 31 juillet 2008, Religionsgemeinschaft der Zeugen Jehovas et autres c/Autriche* : l'Autriche ne peut imposer aux communautés religieuses « non traditionnelles » un délai de dix ans pour accéder au statut de culte reconnu).

Les limites de la liberté de religion peuvent découler de la protection de la sécurité ou de la santé publique. Par exemple, l'interdiction de l'abattage rituel des animaux n'est pas contraire à l'article 9 car elle vise un but légitime et n'est pas disproportionnée ou excessive (*CEDH, 27 juin 2000, Cha'are Shalom ve Tsedek c/France*).

En droit français, les dispositions relatives à la liberté de religion sont multiples. L'article 10 de la Déclaration des droits de l'homme protège la liberté d'opinion, même en matière religieuse. Le Préambule de la Constitution de 1946 reconnaît un principe d'égalité, sans distinction de religion. En outre, la France marque sa particularité à l'article 1er de la Constitution, en indiquant qu'elle est une République laïque, qui respecte toutes les croyances. Proclamée par la loi du 9 décembre 1905, la séparation des Églises et de l'État implique notamment que « *la République ne reconnaît, ne salarie ni ne subventionne aucun culte* ».

Dans plusieurs arrêts du 19 juillet 2011 (notamment *Commune de Trélazé*), le Conseil d'État a précisé que cet encadrement législatif ne faisait pas obstacle à ce que des collectivités publiques, notamment des collectivités territoriales, apportent leur concours direct ou indirect pour la réalisation de projets ou de travaux qui bénéficient notamment à ceux qui exercent un culte. Une collectivité territoriale peut ainsi faire l'acquisition d'un orgue et l'installer dans un édifice cultuel. La collectivité doit, pour ce faire, démontrer l'existence d'un intérêt public local. Elle doit en outre convenir avec le propriétaire de l'édifice d'engagements afin de garantir une utilisation de l'orgue conforme à ses besoins et fixer une participation du propriétaire dont le montant doit être proportionné à l'utilisation qu'il pourra faire de l'orgue afin d'exclure toute libéralité, c'est-à-dire une aide à un culte. Le Conseil d'État a également précisé le régime des crèches installées lors de la période de Noël dans les bâtiments publics : « *Dans l'enceinte des bâtiments publics, sièges d'une collectivité publique ou d'un service public, le fait pour une personne publique de procéder à l'installation d'une crèche de Noël ne peut, en l'absence de circonstances particulières permettant de lui reconnaître un caractère culturel, artistique ou festif, être regardé comme conforme aux exigences qui découlent du principe de neutralité des personnes publiques. À l'inverse, dans les autres emplacements publics, eu égard au caractère festif des installations liées aux fêtes de fin d'année notamment sur la voie publique, l'installation à cette occasion et durant cette période d'une crèche de Noël par une personne publique est possible, dès lors qu'elle ne constitue pas un acte de prosélytisme ou de revendication d'une opinion religieuse* » (*CE, 9 novembre 2016, Fédération départementale des libres penseurs de Seine-et-Marne*).

La laïcité implique en quelque sorte la neutralité de l'État, mais aussi des individus. Elle suppose une conciliation entre le libre exercice du culte, et les impératifs de la vie sociale (par exemple, s'agissant de l'obligation de présence en classe préparatoire le samedi, faisant obstacle à une célébration hebdomadaire du Shabbat : *CE, 14 avril 1995, Koen* ; s'agissant de l'ouverture des marchés parisiens le samedi : *CE, 23 décembre 2011, Halfon*). La Cour de cassation estime de la même façon que le règlement intérieur d'une crèche privée peut interdire le port du voile (*AP, 25 juin 2014, affaire Baby Loup*).

S'agissant de la pratique du culte en prison, le Conseil d'État juge dans un arrêt du 16 octobre 2013 (*Fuentes*) que l'administration pénitentiaire ne peut pas refuser l'agrément d'aumôniers dans une prison en se fondant sur le faible nombre de détenus appartenant à la religion qu'ils professent – en l'espèce, le mouvement des Témoins de Jéhovah –, seuls la sécurité et le bon ordre de l'établissement pouvant justifier un tel refus.

En revanche, il n'y a pas d'obligation de prévoir des repas confessionnels en prison (*CE, 25 février 2015*). Le Conseil d'État considère toutefois qu' « il appartient à l'administration pénitentiaire, qui n'est pas tenue de garantir aux personnes détenues, en toutes circonstances, une alimentation respectant leurs convictions religieuses, de permettre, dans toute la mesure du possible, en égard aux contraintes matérielles propres à la gestion de ces établissements et dans le respect de l'objectif d'intérêt général du maintien du bon ordre des établissements pénitentiaires, l'observance des prescriptions alimentaires résultant des croyances et pratiques religieuses » (*CE, 10 février 2016*).

Par ailleurs, les dispositions prévoyant que la sanction de cellule disciplinaire emporte pendant toute sa durée la suspension de l'accès aux activités, notamment aux activités à caractère cultuel, ne peuvent être regardées, eu égard à l'objectif d'intérêt général de protection de la sécurité et du bon ordre dans les établissements pénitentiaires qu'elles poursuivent, comme portant une atteinte excessive au droit des détenus de pratiquer leur religion (*CE, 11 juin 2014*).

La laïcité doit en outre s'accommoder de particularismes locaux, comme en Alsace-Moselle où les pasteurs sont rémunérés par l'État (*décision du Conseil constitutionnel n° 2012-297 QPC du*

21 février 2013, Association pour la promotion et l'expansion de la laïcité [Traitement des pasteurs des églises consistoriales dans les départements du Bas-Rhin, du Haut-Rhin et de la Moselle]).

L'une des controverses les plus importantes a porté sur le port de signes religieux à l'école publique. Un avis du Conseil d'État du 27 novembre 1989 ne semble pas résoudre la question : il indique que « *la liberté ainsi reconnue aux élèves comporte pour eux le droit d'exprimer et de manifester leurs croyances religieuses à l'intérieur des établissements scolaires, dans le respect du pluralisme et de la liberté d'autrui, et sans qu'il soit porté atteinte aux activités d'enseignement, au contenu des programmes et à l'obligation d'assiduité* ».

Appliquée par les directeurs d'établissement de manière contradictoire, cette formulation n'était pas assez explicite. La loi du 15 mars 2004 tente de mettre fin au débat en disposant que « *dans les écoles, les collèges et les lycées publics, le port de signes ou tenues par lesquels les élèves manifestent ostensiblement une appartenance religieuse est interdit* ». Cette loi ne résout toutefois pas tous les litiges : le Tribunal administratif de Montreuil juge, par exemple, que l'obligation de laïcité s'applique également aux parents accompagnant les sorties scolaires (*TA Montreuil, 22 novembre 2011, Mme O.*), à la différence du Tribunal administratif de Nice qui estime que les mères accompagnatrices ne sont pas soumises au principe de neutralité religieuse (*TA Nice, 9 juin 2015, Mme D.*).

Enfin, la loi du 11 octobre 2010 interdisant la dissimulation du visage dans l'espace public va plus loin puisqu'elle s'oppose au port du voile intégral sur la voie publique, celui-ci étant passible d'une sanction financière. Dans sa décision n° 2010-613 DC du 7 octobre 2010 sur la loi, le Conseil constitutionnel estime que le législateur a opéré une conciliation équilibrée entre la liberté religieuse et la protection de l'ordre public.

Les libertés d'expression et de communication

Chapitre 10

La liberté d'expression peut être considérée comme la faculté de parler librement, alors que la liberté de communication fait intervenir un intermédiaire, un média (écrit ou audiovisuel). Les deux notions sont toutefois souvent utilisées indifféremment.

1 La liberté d'expression

Pour la Cour européenne des droits de l'homme, « *la liberté d'expression constitue l'un des fondements essentiels [d'une société démocratique], l'une des conditions primordiales de son progrès et de l'épanouissement de chacun* » (*CEDH, 7 décembre 1976, Handyside c/Royaume-Uni*). L'article 11 de la Déclaration des droits de l'homme la proclame même comme « *l'un des droits les plus précieux de l'homme* ». En effet, la liberté d'expression est le présupposé d'une société démocratique, et conditionne l'exercice d'autres droits (libertés politiques, de réunion, d'association, de manifestation...). Toutefois, il ne s'agit pas d'un droit absolu, sans limites.

■ Contenu de la liberté d'expression

L'article 10 de la Convention européenne des droits de l'homme indique : « *Toute personne a droit à la liberté d'expression. Ce droit comprend la liberté d'opinion et la liberté de recevoir ou de communiquer des informations ou des idées sans qu'il puisse y avoir ingérence d'autorités publiques et sans considération de frontière* ».

La définition de la liberté d'expression est donc assez large, puisqu'elle inclut la liberté d'opinion. Elle inclut également la liberté de diffuser des opinions ou informations, mais aussi le droit d'en recevoir. Le public a ainsi le droit de recevoir des informations d'intérêt général (*CEDH, 26 avril 1979, Sunday Times c/Royaume-Uni*). La Cour a notamment affirmé que la liberté d'expression implique le « *droit d'accès aux données et documents d'intérêt public* » (*CEDH, 8 novembre 2016, Magyar Helsinki Bizottsag c/Hongrie*). Il existe également un droit pour les journalistes de rechercher et de recueillir des informations.

Notons que l'article 10 s'applique aussi bien aux personnes morales qu'aux personnes physiques (*CEDH, 22 mai 1990, Autronic AG c/Suisse*), mais que s'agissant des personnes physiques, certaines restrictions peuvent être imposées aux fonctionnaires par exemple. La limitation de leur liberté d'expression doit toutefois être proportionnée (*CEDH, 26 septembre 1995, Vogt c/Allemagne*). Ainsi, l'obligation de réserve des magistrats ne peut pas justifier une sanction disciplinaire d'un juge critiquant le fonctionnement du pouvoir judiciaire (*CEDH, 26 février 2009, Kudeshkina c/Russie*).

En revanche, la Cour fait bénéficier les élus d'une liberté d'expression très étendue lorsque leurs propos sont tenus dans l'enceinte d'une assemblée (s'agissant des élus municipaux : *CEDH, 12 avril 2012, De Lesquen du Plessis-Casso c/France*). S'agissant des parlementaires, les immunités qui empêchent les poursuites contre des propos diffamatoires ne sont pas incompatibles avec la Convention, comme le montre la solution dégagée dans l'arrêt du 27 février 2001 (*Jerusalem c/Austria*), selon laquelle la liberté d'expression de l'élu politique est plus étendue que celle des autres individus. Ceci peut paraître regrettable lorsque les propos s'apparentent à des accusations gratuites et injurieuses, comme c'est le cas dans une décision *A. c/Royaume-Uni* du 17 décembre 2002. Cet arrêt a d'ailleurs fait l'objet d'une opinion dissidente du juge français, dans laquelle il estime que l'équilibre entre la liberté d'expression au Parlement et la protection de la réputation des individus n'a pas été respecté.

Enfin, la liberté d'expression implique la protection des sources journalistiques (*CEDH, 27 mars 1996, Goodwin c/Royaume-Uni*) ou des organes de presse contre les ingérences de l'État (*CEDH, 16 mars 2000, Özgür Gündem c/Turquie*). Aux organes de presse sont assimilées certaines associations : la Cour juge ainsi qu'en tant qu'organisation non gouvernementale spécialisée en matière d'environnement, l'association requérante a exercé un rôle de « *chien de garde* ». Aussi, « *une telle participation d'une association étant essentielle pour une société démocratique, la Cour estime qu'elle est similaire au rôle de la presse* ». Il en résulte que, pour mener sa tâche à bien, une association doit pouvoir divulguer des faits de nature à intéresser le public, à leur donner une appréciation et contribuer ainsi à la transparence des activités des autorités publiques (*CEDH, 27 mai 2004, Vides Aizsardzibas Klubs c/Lettonie*).

En droit français, l'article 11 de la Déclaration des droits de l'homme et du citoyen dispose : « *La libre communication des pensées et des opinions est un des droits les plus précieux de l'homme ;*

tout citoyen peut donc parler, écrire, imprimer librement, sauf à répondre de l'abus de cette liberté dans les cas déterminés par la loi ». La liberté d'expression fait partie des libertés les plus essentielles pour le Conseil constitutionnel, qui la décrit comme « *une liberté fondamentale, d'autant plus précieuse que son exercice est l'une des garanties essentielles du respect des autres droits et libertés et de la souveraineté nationale* » (*décision n° 84-181 DC du 11 octobre 1984, loi visant à limiter la concentration et à assurer la transparence financière et le pluralisme des entreprises de presse*). Le contrôle du Conseil constitutionnel sur les atteintes à la liberté d'expression ou de communication, notamment sur Internet, est donc très strict (*décision n° 2016-611 QPC du 10 février 2017, M. David P. [Délit de consultation habituelle de sites internet terroristes]*).

La liberté d'expression orale, qui implique notamment le droit pour chacun de choisir les termes jugés par lui les mieux appropriés à l'expression de sa pensée, empêche d'imposer une terminologie officielle (*décision n° 94-345 DC du 29 juillet 1994, loi relative à l'emploi de la langue française*).

■ *Limitations de la liberté d'expression*

L'article 10, paragraphe 2 de la Convention européenne des droits de l'homme concerne les limites de la liberté d'expression : « *L'exercice de ces libertés comportant des devoirs et des responsabilités peut être soumis à certaines formalités, conditions, restrictions ou sanctions prévues par la loi, qui constituent des mesures nécessaires, dans une société démocratique, à la sécurité nationale, à l'intégrité territoriale ou à la sûreté publique, à la défense de l'ordre et à la prévention du crime, à la protection de la santé ou de la morale, à la protection de la réputation ou des droits d'autrui, pour empêcher la divulgation d'informations confidentielles ou pour garantir l'autorité et l'impartialité du pouvoir judiciaire* ».

Cette disposition prévoit ainsi plusieurs limitations de la liberté d'expression, qui doivent être prévues par la loi et nécessaires dans une société démocratique :

- la ***sécurité nationale*** (par exemple, limitation de la liberté d'expression des militaires *CEDH, 8 juin 1976, Engel et autres c/Pays-Bas*) ou l'***ordre public*** (*CEDH, 8 juillet 1999, Surek c/Turquie* : « Là où les propos litigieux incitent à l'usage de la violence à l'égard d'un individu, d'un représentant de l'État ou d'une partie de la population, les autorités nationales jouissent d'une marge d'appréciation plus large dans leur examen de la nécessité d'une ingérence dans l'exercice de la liberté d'expression ») ;
- la ***protection de la morale***. Cette notion est assez contingente, et la Cour ne tolère que rarement les limitations à la liberté d'expression sur ce fondement. Par exemple, la Cour condamne l'Irlande pour avoir interdit la poursuite de l'activité de sociétés sans but lucratif qui conseillent les femmes enceintes et leur signalent la possibilité de pratiquer un avortement au Royaume-

Uni, en l'absence de dépénalisation de l'avortement en Irlande (*CEDH, 29 octobre 1992, Open Door et Dublin Well Woman c/Irlande*). En revanche, la saisie et la confiscation d'un livre pour enfants jugé obscène ne sont pas considérées comme une violation de l'article 10 (*CEDH, 7 décembre 1976, Handyside c/Royaume-Uni*). De même, la confiscation de toiles jugées obscènes exposées publiquement sans restriction d'accès (droit d'entrée ou limite d'âge) a été jugée compatible avec l'article 10 (*CEDH, 24 mai 1988, Müller et autres c/Suisse*) ;

– la ***protection des droits et de la réputation d'autrui***. Par exemple, font partie des droits d'autrui, « le droit pour les citoyens de ne pas être insultés dans leurs sentiments religieux » (*CEDH, 20 septembre 1994, Otto-Preminger-Institut c/Autriche*). Cela inclut également la protection contre la diffamation. Cependant, dans l'arrêt du 8 juillet 1986 (*Lingens c/Autriche*), la condamnation d'un journaliste pour diffamation du chancelier fédéral a été jugée contraire à la liberté d'expression. Il en est de même dans l'arrêt du 21 janvier 1999 (*Fressoz et Roire c/ France*), dans lequel la Cour conclut à la violation de l'article 10 par la France, qui avait condamné la publication de trois avis d'imposition du président d'une grande entreprise, ou dans l'arrêt du 18 mai 2004, *Société Plon c/France*, dans lequel la Cour constate une violation de l'article 10 s'agissant de l'interdiction du livre rédigé par le médecin personnel de F. Mitterrand (La Cour estime ainsi que « plus le temps passait, plus l'intérêt public du débat lié à l'histoire des deux septennats accomplis par le président Mitterrand l'emportait sur les impératifs de la protection des droits de celui-ci au regard du secret médical ». Voir aussi plus récemment les arrêts *CEDH, 7 février 2012, Axel Springer et Von Hannover c/Allemagne (n° 2)*, favorables aux tabloïds).
  Dans les affaires *Lingens* et *Société Plon*, il semble que l'atteinte à la vie privée d'un homme politique soit tolérée par la Cour. De même, dans l'affaire jugée par la Grande Chambre, le 10 novembre 2015 (*Couderc et Hachette Filipacchi Associés c/France*), la Cour européenne estime que la condamnation de journalistes diffusant des informations sur le fils caché du Prince de Monaco représente une violation de l'article 10, en raison de la notoriété publique d'Albert de Monaco et de l'intérêt de l'information pour le public.
  La Cour semble en revanche plus stricte lorsqu'il y a une atteinte à la vie privée par la publication de photographies (*CEDH, 24 juin 2004, Von Hannover c/Allemagne* : « Si la liberté d'expression s'étend également à la publication de photos, il s'agit là néanmoins d'un domaine où la protection de la réputation et des droits d'autrui revêt une importance particulière. En l'occurrence, il s'agit de la diffusion non pas d'« idées », mais d'images contenant des « informations » très personnelles, voire intimes, sur un individu. De plus, les photos paraissant dans la presse à sensation sont souvent réalisées dans un climat de harcèlement continu, entraînant pour la personne concernée un très fort sentiment d'intrusion dans sa vie privée et même de persécution » ; *CEDH, 14 juin 2007, Hachette Filipacchi Associés c/France*, à propos de la publication de

la photo du préfet Érignac assassiné : « La souffrance ressentie par les proches de la victime devait conduire les journalistes à faire preuve de prudence et de précaution dès lors que le décès était survenu dans des circonstances violentes et traumatisantes pour la famille de la victime. La Cour attache en outre une importance particulière au fait que cette dernière s'était expressément opposée à la publication de la photographie. Cette publication, dans un magazine de très large diffusion, a eu pour conséquence d'aviver le traumatisme subi par les proches de la victime à la suite de l'assassinat. Ceux-ci ont donc pu légitimement estimer qu'il avait été porté atteinte à leur droit au respect de la vie privée ») ;

– ***l'autorité et l'impartialité du pouvoir judiciaire***. Toutefois, l'interdiction de publier des articles de presse sur des procès en cours porte atteinte au droit du public de recevoir des informations et donc à l'article 10 de la Convention (*CEDH, 26 avril 1979, Sunday Times c/Royaume-Uni*). L'arrêt du 3 octobre 2000 (*Du Roy et Malaurie c/France*) quant à lui, constate également la violation du fait de l'interdiction de la publication d'une information sur une procédure pénale ouverte avec constitution de partie civile avant toute décision judiciaire. De même, dans l'arrêt du 15 décembre 2011 (*Mor c/France*), la Cour européenne condamne la France pour méconnaissance de l'article 10, en raison d'une déclaration de culpabilité d'une avocate qui avait certes relayé des informations couvertes par le secret d'instruction, mais largement publiées dans la presse. En revanche, dans l'affaire jugée le 24 janvier 2012, *Seckerson et Times Newspapers Limited c/Royaume-Uni*, la Cour européenne estime que les sanctions infligées à un juré et à une société d'édition en raison de la révélation de détails sur les délibérations d'un jury ne sont pas contraires à la Convention.

La Cour européenne adopte donc une interprétation assez restrictive des limites de la liberté d'expression. Toutefois, ceci semble critiquable en cas d'abus de cette liberté pour diffuser des propos intolérables. Dans l'arrêt du 23 septembre 1998 (*Lehideux et Isorni c/France*), la Cour sanctionne ainsi la France qui avait condamné la publication d'un hommage au Maréchal Pétain pour délit d'apologie de la collaboration.

Le droit français prévoit en effet la répression de la manifestation de certaines opinions : la loi du 1er juillet 1972 vise à lutter contre les propos discriminatoires ; la loi du 13 juillet 1990 dite loi Gayssot réprime tout propos raciste, antisémite ou xénophobe. La contestation de l'existence de crimes contre l'humanité est ainsi érigée en délit. Dans une décision relative à certaines dispositions de cette loi (*décision n° 2015-512 QPC du 8 janvier 2016, M. Vincent R. [Délit de contestation de l'existence de certains crimes contre l'humanité]*), le Conseil constitutionnel a estimé « que les dispositions contestées, en incriminant exclusivement la contestation de l'existence de faits commis durant la seconde guerre mondiale, qualifiés de crimes contre l'humanité et sanctionnés comme tels par une juridiction française ou internationale, visent à lutter contre certaines manifestations particulièrement graves d'antisémitisme et de haine raciale ; que seule la négation, implicite ou explicite, ou la minoration outrancière de ces crimes est prohibée ; que les dispositions contestées n'ont ni pour objet ni pour effet d'interdire les débats historiques ; qu'ainsi, l'atteinte à l'exercice de la liberté d'expression qui en résulte est nécessaire, adaptée et proportionnée à l'objectif poursuivi par le législateur ». En revanche, le Conseil constitutionnel a jugé contraire à la Constitution, la loi visant à réprimer la contestation de l'existence du génocide arménien (*décision n° 2012-647 DC du 28 février 2012, Loi visant à réprimer la contestation de l'existence des génocides reconnus par la loi*). De même, le Conseil constitutionnel considère que « le législateur, en réprimant la négation, la minoration et la banalisation de certains crimes n'ayant fait l'objet d'aucune condamnation judiciaire préalable, a porté une atteinte à l'exercice de la liberté d'expression qui n'est ni nécessaire ni proportionnée » (*décision n° 2016-745 DC du 26 janvier 2017, Loi relative à l'égalité et à la citoyenneté*).

2 La liberté de communication

La liberté de communication est un élément de la liberté d'expression, qui suppose l'existence d'un intermédiaire (média) entre l'individu qui s'exprime et le destinataire.

Elle est protégée à l'article 10 de la Convention européenne des droits de l'homme. La protection dans le cadre européen bénéficie non seulement à la liberté de communication au plan national, mais aussi à la communication transfrontière (*CEDH, 22 mai 1990, Autronic AG c/Suisse*).

La liberté de communication est également proclamée à l'article 11 de la Déclaration des droits de l'homme. En outre, depuis la révision constitutionnelle du 23 juillet 2008, l'article 34 indique que la loi fixe les règles concernant « *la liberté, le pluralisme et l'indépendance des médias* ». Ces médias sont la presse et le livre, l'audiovisuel et le cinéma et les télécommunications ou communications électroniques.

■ *La presse et le livre*

La liberté d'expression implique en droit européen l'interdiction de régimes d'autorisation s'agissant de la parution de journaux ou de l'édition d'ouvrages. Le contrôle des publications étrangères par exemple, est contraire à l'article 10 (*CEDH, 17 juillet 2001, Ekin c/France*).

Si la liberté d'expression bénéficie aussi bien à la presse qu'au livre, cette assimilation présente deux limites :

– la Cour valorise particulièrement la liberté de la presse. Elle insiste ainsi sur le rôle éminent de la presse dans un État de droit. Aussi, si la presse ne doit pas franchir certaines bornes fixées en vue, notamment, de la défense de l'ordre et de la protection de la réputation d'autrui, il lui incombe néanmoins de communiquer des informations et des idées sur les questions politiques ainsi que sur les autres thèmes d'intérêt général (*CEDH, 23 avril 1992, Castells c/Espagne*). En conséquence, les limitations portées à la liberté de la presse sont rarement tolérées ;

– il semble que la Cour ait récemment souhaité différencier le régime de ces deux sources de publications. Ainsi, dans l'arrêt du 22 octobre 2007 (*Lindon, Otchakovsky-Laurens et July c/ France*), la Cour est confrontée à la condamnation d'un auteur de roman pour diffamation. Il s'agit en l'occurrence d'une œuvre de fiction, qui met en scène des individus réels. La Cour estime en l'espèce que la condamnation n'est pas contraire à l'article 10.

En droit français, la loi du 29 juillet 1881 proclame la liberté de l'imprimerie et de la librairie. Elle impose une obligation de ***déclaration*** à la presse écrite, auprès du procureur de la République. En outre, elle définit les limites de la liberté, qui sont principalement la provocation aux crimes et délits, la diffamation ou l'injure. Enfin, un droit de réponse est instauré au profit des personnes mises en cause dans un article de presse, ainsi qu'un droit de rectification.

Le ***pluralisme*** faisait également partie des exigences constitutionnelles dès avant la révision de 2008 : le Conseil constitutionnel avait ainsi indiqué dans sa décision n° 84-181 DC des 10 et 11 octobre 1984, *loi visant à limiter la concentration et à assurer la transparence financière et le pluralisme des entreprises de presse* que le pluralisme des quotidiens d'information politique et générale est un objectif de valeur constitutionnelle. En effet, « *la libre communication des pensées et des opinions ne serait pas effective si le public auquel s'adressent ces quotidiens n'était pas à même de disposer d'un nombre suffisant de publications de tendances et de caractères différents ; [...] en définitive, l'objectif à réaliser est que les lecteurs qui sont au nombre des destinataires essentiels de la liberté soient à même d'exercer leur libre choix sans que ni les intérêts privés ni les pouvoirs publics puissent y substituer leurs propres décisions ni qu'on puisse en faire l'objet d'un marché* ». Ainsi, la Constitution protège l'indépendance des organes de presse en tant que condition du pluralisme.

■ *L'audiovisuel et le cinéma*

La liberté d'expression concerne également la communication audiovisuelle, définie comme « *toute communication au public de services de radio ou de télévision, quelles que soient les modalités de mise à disposition auprès du public* » (loi du 30 septembre 1986) mais aussi le cinéma.

La liberté de communication ne semble pas compatible avec un monopole d'État en matière de radiodiffusion et l'interdiction de créer et exploiter des stations privées de radio ou de télévision (*CEDH, 24 novembre 1993, Informationsverein Lentia et autres c/Autriche*). En effet, la liberté d'expression dans une société démocratique implique le pluralisme des programmes, qui n'est pas garanti par l'existence d'une seule station nationale. En France par exemple, la communication audiovisuelle est libre depuis la loi du 29 juillet 1982, qui met fin au monopole d'État en matière de radio et de télévision.

Toutefois, l'article 11 de la Convention européenne des droits de l'homme indique que « *le présent article n'empêche pas les États de soumettre les entreprises de radiodiffusion, de cinéma ou de télévision à un régime d'autorisations* ». Par exemple, s'agissant des œuvres cinématographiques, l'État peut autoriser les projections grâce à l'attribution d'un visa, mais aussi refuser le visa dans un but légitime. Notamment, le refus opposé à un film blasphématoire n'est pas considéré comme une atteinte excessive à la liberté d'expression (*CEDH, 25 novembre 1996, Wingrove c/Royaume-Uni*).

C'est la même solution en droit français. En matière cinématographique, les œuvres sont soumises à l'obtention d'une autorisation ministérielle préalable, ou visa, délivré après avis d'une commission. Ce régime permet de contrôler l'œuvre et de la classer selon le public autorisé (tout public, interdit aux moins de 12, 16 ou 18 ans).

En matière audiovisuelle, le régime d'autorisation préalable est justifié par les contraintes techniques, c'est-à-dire la limitation du nombre de fréquences hertziennes (*décision n° 81-129 DC du 31 octobre 1981, loi portant dérogation au monopole d'État de la radiodiffusion*). Aussi, la création d'une autorité administrative indépendante, le Conseil supérieur de l'audiovisuel (CSA), afin d'attribuer ces fréquences, permet de garantir une certaine objectivité et l'indépendance de l'administration s'agissant de la concrétisation de la liberté de communication. Le CSA dispose de nombreux pouvoirs, d'information, consultatif, réglementaire (notamment s'agissant des règles d'attribution des temps de parole lors des campagnes électorales), d'autorisation d'émettre et de sanction (suspension de l'autorisation d'émettre, mais aussi réduction ou retrait de l'autorisation).

S'agissant du contenu des programmes, la question peut se poser de savoir si un journaliste de télévision est responsable de propos racistes tenus lors de son émission. La Cour européenne estime que si l'émission n'a pas pour objet de propager de telles idées, mais de proposer une discussion sur un sujet d'intérêt général, alors la condamnation du journaliste est contraire à l'article 10 (*CEDH, 23 septembre 1994, Jersild c/Danemark*).

Le Conseil constitutionnel s'est prononcé à de nombreuses reprises à propos de la liberté de communication par la voie audiovisuelle, qu'il fonde de manière anachronique sur l'article 11 de la Déclaration de 1789. Notamment, comme en matière de presse, le Conseil estime que le pluralisme des courants d'idées et des opinions est un objectif à valeur constitutionnelle dans sa décision n° 93-333 DC du 23 janvier 1994 sur la liberté de communication.

Ce principe a fait l'objet d'une application remarquée dans la décision n° 2009-577 DC du 9 mars 2009 sur la loi relative à la communication audiovisuelle et au nouveau service public de la télévision. La loi prévoyait notamment la nomination des présidents des chaînes de télévision publique par le président de la République, au lieu du Conseil supérieur de l'audiovisuel précédemment. Les parlementaires saisissant le Conseil constitutionnel estiment que cette procédure est contraire à l'exigence de pluralisme. Le Conseil constitutionnel remarque tout d'abord qu'en vertu de l'article 13 de la loi déférée, les nominations des présidents des sociétés nationales de programme ne peuvent intervenir qu'avec l'avis conforme du Conseil supérieur de l'audiovisuel, et qu'ainsi ces nominations ne peuvent être décidées sans l'accord de cette autorité administrative indépendante.

En outre, les nominations du Président sont toutes soumises à la nouvelle procédure issue de la révision constitutionnelle du 23 juillet 2008, qui fait intervenir les commissions compétentes au Parlement. Aussi ces garanties permettent d'encadrer le pouvoir du président de la République dans le respect de la Constitution, et notamment du principe de séparation des pouvoirs, et de l'indépendance de ces sociétés. Toutefois, la loi du 15 novembre 2013 revient sur cette réforme et restaure le pouvoir de nomination du CSA.

■ *Les télécommunications et les communications électroniques*

Les ***télécommunications*** sont libres en France depuis la loi du 26 juillet 1996. Depuis 1996, le nouvel article L. 32-1 du Code des postes et télécommunications, qui devient le Code des postes et des communications électroniques avec la loi du 9 juillet 2004 sur les communications électroniques et les services de communication audiovisuelle, dispose que « *les activités de télécommunications s'exercent librement, dans le respect des autorisations et déclarations [...] qui sont délivrées ou vérifiées dans des conditions objectives, transparentes, non discriminatoires et proportionnées aux objectifs poursuivis* ». De plus, le service public des télécommunications comprend désormais le « *droit de chacun au bénéfice du service universel des télécommunications* ». Sur le plan organique, le droit des télécommunications est produit par un nouvel acteur chargé de la « fonction de régulation » (art. L. 32-1), l'Autorité de régulation des télécommunications (ART), qui devient l'Autorité de régulation des communications électroniques et des postes (ARCEP) avec la loi du 20 mai 2005 relative à la régulation des activités postales.

Cette autorité administrative indépendante dispose de pouvoirs nombreux et importants. Elle a notamment une compétence réglementaire concernant les droits et obligations relatifs à l'exploitation des réseaux ou les prescriptions techniques et financières d'interconnexion. Elle délivre également des autorisations concernant l'établissement et l'exploitation des réseaux ouverts au public, elle attribue les ressources en fréquences et en numérotation et établit le plan national de numérotation. Par ailleurs, elle peut être saisie d'un différend « *en cas de refus d'interconnexion, d'échec des négociations commerciales ou de désaccord sur la conclusion ou l'exécution d'une convention d'interconnexion ou d'accès à un réseau de télécommunications* » (art. L. 36-8).

S'agissant des ***communications électroniques***, la loi sur la confiance dans l'économie numérique du 21 juin 2004 régit la communication au public en ligne, définie comme « *toute transmission, sur demande individuelle, de données numériques n'ayant pas un caractère de correspondance privée, par un procédé de communication électronique permettant un échange réciproque d'informations entre l'émetteur et le récepteur* ».

En outre, la loi du 21 juin 2004 fixe les limites de la liberté de communication : « *L'exercice de cette liberté ne peut être limité que dans la mesure requise, d'une part, par le respect de la dignité de la personne humaine, de la liberté et de la propriété d'autrui, du caractère pluraliste de l'expression des courants de pensée et d'opinion et, d'autre part, par la sauvegarde de l'ordre public, par les besoins de la défense nationale, par les exigences de service public, par les contraintes techniques inhérentes aux moyens de communication, ainsi que par la nécessité, pour les services audiovisuels, de développer la production audiovisuelle* ».

Le Conseil constitutionnel a ensuite consacré la liberté d'accès à Internet en tant que liberté constitutionnelle : « *En l'état actuel des moyens de communication et eu égard au développement généralisé des services de communication au public en ligne ainsi qu'à l'importance prise par ces services pour la participation à la vie démocratique et l'expression des idées et des opinions, [la libre communication des pensées et des opinions] implique la liberté d'accéder à ces services* » (*décision n° 2009-580 DC du 10 juin 2009, Loi favorisant la diffusion et la protection de la création sur Internet*). Dans la décision n° 2016-611 QPC du 10 février 2017 précitée, le Conseil a également jugé que le délit de consultation habituelle de sites internet terroristes méconnaît la liberté d'accès à internet, notamment parce qu'il existe « *une incertitude sur la licéité de la consultation de certains services de communication au public en ligne et, en conséquence, de l'usage d'internet pour rechercher des informations* ».

La Cour européenne des droits de l'homme juge également que des mesures préventives de blocage de sites Internet représentent une atteinte à la liberté d'information (*CEDH, 18 décembre 2012, Yildirim c/Turquie*).

Les libertés collectives

Chapitre 11

Les libertés collectives sont des libertés dont l'individu est titulaire, mais qui ne peuvent s'exercer qu'en groupe. On distingue les libertés de réunion et d'association, la liberté de manifestation et la liberté syndicale et le droit de grève.

1 Les libertés de réunion et d'association

L'article 11 de la Convention européenne des droits de l'homme indique que « *toute personne a droit à la liberté de réunion pacifique et à la liberté d'association* ».

L'article 11, paragraphe 2 comporte en outre des restrictions à la liberté de réunion ou d'association (« *L'exercice de ces droits ne peut faire l'objet d'autres restrictions que celles qui, prévues par la loi, constituent des mesures nécessaires, dans une société démocratique, à la sécurité nationale, à la sûreté publique, à la défense de l'ordre et à la prévention du crime, à la protection de la santé ou de la morale, ou à la protection des droits et libertés d'autrui. Le présent article n'interdit pas que des restrictions légitimes soient imposées à l'exercice de ces droits par les membres des forces armées, de la police ou de l'administration de l'État* »).

■ *La liberté de réunion*

La liberté de réunion est définie comme le droit de s'assembler avec autrui. Dans la jurisprudence de la Cour européenne, elle inclut aussi bien les réunions privées que les réunions publiques ou manifestations.

En droit français, la liberté de réunion n'existait pas sous l'Ancien régime, car elle était subordonnée à une autorisation préalable du roi. Elle est oubliée dans la Déclaration de 1789, mais elle peut être rattachée aux articles 10 et 11 de la Déclaration (libertés d'opinion et d'expression). La liberté de réunion est seulement proclamée sous la IIIe République par la loi du 30 juin 1881. Elle soumettait la réunion à une déclaration préalable, qui fut supprimée par une loi du 28 mars 1907. Les réunions publiques sont définies comme un groupement momentané (à la différence d'une association), organisé (à la différence d'un attroupement), pour la défense d'intérêts (à la différence d'un spectacle), sur invitation impersonnelle et anonyme. Le régime est assez libéral, mais les réunions publiques ne peuvent avoir lieu après 23 heures, et l'ordre doit être maintenu par un bureau de trois personnes qui endosse la responsabilité pénale. En outre, un fonctionnaire de police peut y assister.

Quant aux réunions privées, elles font l'objet d'invitations personnelles ou nominatives, et ne sont soumises à aucune restriction.

■ *La liberté d'association*

La liberté d'association comprend la liberté d'adhérer à l'association de son choix, ou de créer une association, mais aussi de ne pas adhérer à une association (*CEDH, 29 avril 1999, Chassagnou c/ France*), et le droit de ne pas déclarer appartenir ou non à une association.

La notion d'association est autonome, indépendante des qualifications du droit national (*CEDH, 23 juin 1981, Le Compte, Van Leuven et De Meyere c/Belgique*). C'est la Cour européenne elle-même qui détermine si l'organisme en cause est une association de droit privé ou un organisme de droit public exclu du champ d'application de l'article 11, eu égard à ses missions, ses liens avec l'État, etc. (en l'espèce, il s'agissait d'un ordre professionnel, exclu du champ de l'article 11).

En revanche, la liberté d'association s'applique aux partis politiques (*CEDH, 30 janvier 1998, Parti communiste unifié de Turquie et autres c/Turquie*).

Le Conseil constitutionnel a également eu l'occasion de se prononcer sur le régime de la liberté d'association dans la décision n° 71-44 DC du 16 juillet 1971. Il rappelle ainsi que la liberté d'association ne s'accommode pas d'un régime d'autorisation préalable : « *La constitution d'associations, alors même qu'elles paraîtraient entachées de nullité ou auraient un objet illicite, ne peut être soumise pour sa validité à l'intervention préalable de l'autorité administrative ou même de l'autorité judiciaire* ».

Actuellement, c'est donc toujours le régime de la loi du 1er juillet 1901 qui s'applique. L'association y est définie comme « *la convention par laquelle deux ou plusieurs personnes mettent en commun, d'une façon permanente, leurs connaissances ou leur activité, dans un but autre que de partager des bénéfices* ». Une association est ainsi identifiée grâce à trois éléments : un contrat, une certaine permanence (à la différence d'une réunion), et un but désintéressé (à la différence d'une société). Le régime de la liberté d'association est libéral, car il n'y a pas de déclaration préalable ni d'autorisation. Il suffit de rédiger des statuts, et de les faire adopter par une assemblée d'au moins deux personnes (même si l'article 1108 du Code civil pose des conditions : libre consentement des sociétaires, capacité de contracter, objet certain, association fondée sur une cause licite).

Il existe cependant trois régimes distincts :

- les ***associations non déclarées*** ne font pas l'objet d'une déclaration à la préfecture ; en revanche, elles n'obtiennent pas la personnalité morale ;
- les ***associations déclarées*** font l'objet d'une déclaration écrite à la préfecture, afin d'obtenir la capacité juridique. La déclaration mentionne le nom et l'objet de l'association, le siège des établissements, les noms des administrateurs ou dirigeants, et comprend deux exemplaires des statuts. Le préfet a alors une compétence liée : il doit délivrer le récépissé attestant la déclaration dans un délai de cinq jours ;
- les ***associations reconnues d'utilité publique*** par un décret en Conseil d'État disposent d'une capacité juridique élargie leur permettant de recevoir des dons et legs.

2 La liberté de manifestation

En droit européen, la liberté de réunion pacifique ne concerne pas seulement les réunions statiques, mais aussi les défilés publics ou manifestations (*Comm. EDH, 16 juillet 1980, Christians against racism and facism c/Royaume-Uni*). Le fait qu'une manifestation dégénère et ne soit ainsi plus « pacifique » n'exclut pas l'application de l'article 11.

L'arrêt du 26 avril 1991, *Ezelin c/France*, précise l'interprétation des restrictions de l'article 11, paragraphe 2. Ainsi, un avocat avait reçu un blâme pour la participation à une manifestation contre la loi « Sécurité et liberté ». La Cour estime qu'aussi minime soit-elle, cette sanction n'est pas « *nécessaire, dans une société démocratique* », et enfreint donc l'article 11. De même, les autorités russes ont bafoué l'article 11 et ont même commis une discrimination en empêchant la tenue d'une marche homosexuelle à Moscou (*CEDH, 21 octobre 2010, Alekseyev c/Russie*).

En droit français, en l'absence de toute disposition dans la Constitution (si l'on excepte l'article 10 de la Déclaration de 1789 qui évoque « *la manifestation des opinions* »), les manifestations sont régies par le décret-loi du 23 octobre 1935 portant réglementation des mesures relatives au renforcement du maintien de l'ordre. Le Conseil constitutionnel rattache cette liberté à « *la liberté individuelle, [à la] liberté d'aller et venir et [au] droit d'expression collective des idées et des opinions* » (*décision n° 94-352 DC du 18 janvier 1995 sur la sécurité*).

Le décret-loi du 23 octobre 1935 soumet à l'obligation d'une déclaration préalable, « *tous cortèges, défilés et rassemblements de personnes, et, d'une façon générale, toutes manifestations sur la voie publique* ».

3 La liberté syndicale et le droit de grève

■ *La liberté syndicale*

L'article 11 de la Convention européenne des droits de l'homme inclut la liberté syndicale, comprise dans la liberté d'association.

Elle implique notamment la liberté de créer un syndicat et d'adhérer au syndicat de son choix. Elle permet également de ne pas adhérer à un syndicat (*CEDH, 13 août 1981, Young, James et Webster c/Royaume-Uni*). Si cette liberté peut faire l'objet de restrictions « nécessaires, dans une société démocratique », une interdiction absolue d'adhérer à un groupement professionnel constitué pour la défense d'intérêts professionnels et moraux, comme celle visant les militaires, est contraire à l'article 11 (*CEDH, 2 octobre 2014, Matelly c/France*).

La Cour estime par exemple que l'article 11 fait obligation aux États de permettre aux syndicats de défendre les intérêts de leurs membres (*CEDH, 6 février 1976, Syndicat suédois des conducteurs de locomotives c/Suède*). En outre, les sanctions disciplinaires infligées à des fonctionnaires membres d'un syndicat pour avoir apposé sur les murs de leurs bureaux des affiches appelant à « célébrer la fête internationale du travail du 1er mai » constituent une violation de l'article 11 (*CEDH, 27 septembre 2011, Sisman c/Turquie*). De même, la France n'a pas respecté la liberté syndicale pour la Cour européenne dans l'arrêt du 6 octobre 2011 (*Vellutini et Michel c/France*) en raison d'une condamnation de deux syndicalistes pour avoir diffusé un tract critiquant le maire. Toutefois, la Cour européenne des droits de l'homme fait prévaloir la liberté organisationnelle des églises sur la liberté syndicale lorsqu'elle juge que le refus d'une communauté religieuse d'autoriser les employés cléricaux et laïcs de se constituer en syndicat n'est pas une violation de l'article 11 (*CEDH, 9 juillet 2013, Sindicatul « Pastorul Cel Bun » c/Roumanie*).

En droit français, les corporations ou associations professionnelles avaient été interdites par la loi Le Chapelier du 17 juin 1791, et il faut attendre la loi du 21 mars 1884 qui proclame la liberté syndicale. La liberté syndicale acquiert enfin une valeur constitutionnelle dans le Préambule de la Constitution de 1958 qui reprend le sixième alinéa du Préambule de 1946 : « *Tout homme peut défendre ses droits et ses intérêts par l'action syndicale et adhérer au syndicat de son choix* » (*voir la décision du Conseil constitutionnel n° 89-257 DC du 25 juillet 1989, loi modifiant le Code du travail*). Le Conseil constitutionnel confirme la liberté de créer un syndicat, d'y adhérer, mais aussi de ne pas y adhérer (*décision n° 83-162 DC des 19 et 20 juillet 1983, loi relative à la démocratisation du secteur public*), tout comme la protection de l'exercice des fonctions syndicales (*décision n° 88-244 DC du 20 juillet 1988, loi portant amnistie*).

■ *Le droit de grève*

« *Le droit de grève s'exerce dans le cadre des lois qui le réglementent* » : le septième alinéa du Préambule de la Constitution de 1946 proclame le droit de grève, qui se définit comme une cessation de travail collective et concertée en vue de satisfaire des revendications professionnelles. Il ne s'agit pas d'un droit absolu, il est limité, théoriquement par la loi, même si le Conseil d'État admet que le gouvernement intervienne pour le réglementer en l'absence de loi (*CE, 7 juillet 1950, Dehaene*).

Le principe constitutionnel de continuité du service public représente une limite importante au droit de grève, il revient ainsi au législateur d'opérer la conciliation entre ces deux principes (*décision n° 79-105 DC du 25 juillet 1979 dite Droit de grève à la radio et à la télévision*).

Le droit de propriété

Chapitre 12

Le droit de propriété signifie la liberté de jouir de sa propriété. L'article 2 de la Déclaration des droits de l'homme place ce droit aux côtés de la liberté et de l'égalité en tant que droit naturel et imprescriptible de l'homme.

Le droit de propriété n'est pas reconnu dans le texte même de la Convention européenne des droits de l'homme, mais par l'article 1er du protocole additionnel n° 1 à la Convention : « *Toute personne physique ou morale a droit au respect de ses biens. Nul ne peut être privé de sa propriété que pour cause d'utilité publique et dans les conditions prévues par la loi et les principes généraux du droit international* ». Deux aspects du droit de propriété sont ainsi mis en évidence : le respect des biens, et l'encadrement de la privation de propriété.

1 Le respect des biens

La notion de respect des biens est entendue largement par le Conseil constitutionnel et la Cour européenne des droits de l'homme. Toutefois, ce respect n'exclut pas toute limitation de la jouissance des biens.

■ *Le champ d'application du droit de propriété*

Le champ d'application du droit de propriété inclut traditionnellement les biens immobiliers, voire mobiliers (par exemple, s'agissant de pièces d'or : *CEDH, 24 octobre 1986, Agosi c/Royaume-Uni* ; s'agissant d'actions : *CEDH, 25 juillet 2002, Sovtransavto Holding c/Ukraine*). Toutefois, tant le contentieux européen que le contentieux constitutionnel ont élargi ce champ d'application. Celui-ci porte par exemple sur le droit de la propriété intellectuelle (*décision n° 90-283 DC du 8 janvier 1991, loi relative à la lutte contre le tabagisme et l'alcoolisme* ; *CEDH, 11 janvier 2007, Anheuser-Busch Inc. c/Portugal*). La Cour européenne étend même le droit de propriété à tous les droits patrimoniaux, comme une prestation sociale (*CEDH, 16 septembre 1996, Gaygusuz c/Autriche*).

La Cour européenne donne ensuite tout son effet utile à l'article 1er du protocole n° 1 en estimant que le droit de propriété peut être invoqué en cas de réglementation de l'usage des biens ou de privation de la propriété, mais aussi dans des cas d'***ingérence*** qui ne relèvent pas des deux hypothèses de cet article entendues au sens strict.

Notamment, la Cour européenne juge que la perte de maîtrise des biens ainsi que de toute possibilité de jouissance ou d'usage de ceux-ci s'analyse non comme une réglementation ou une privation de la propriété, mais comme une ingérence dans le droit au respect des biens relevant manifestement de cet article (*CEDH, 18 décembre 1996, Loizidou c/Turquie* : en l'espèce, l'ingérence résulte de l'occupation du nord de Chypre par les forces armées turques). De même, la destruction de biens relève de l'article 1er du protocole n° 1 : dans l'affaire *Akdivar et autres c/Turquie* jugée le 16 septembre 1996, la Cour estime que l'incendie délibéré des maisons des requérants et de leur contenu représente une grave ingérence dans le droit des intéressés au respect de leur vie familiale et de leur domicile et au respect de leurs biens. La Cour ne peut donc que constater la violation de l'article 8 de la Convention et de l'article 1er du protocole n° 1.

En outre, le droit de propriété peut même impliquer des ***obligations positives*** à la charge de l'État. Notamment, l'impossibilité, pour un propriétaire, de faire exécuter une décision d'expulsion de son locataire qui ne paye plus son loyer, représente une violation de l'article 1er du protocole n° 1 (*CEDH, 28 septembre 1995, Scollo c/Italie*).

Par ailleurs, le droit de propriété peut être opposé aussi bien aux personnes publiques qu'aux personnes privées (arrêt *Sovtransavto Holding c/Ukraine* précité : « *En ce qui concerne le droit garanti par l'article 1er du protocole n° 1, de telles obligations positives peuvent impliquer certaines mesures nécessaires pour protéger le droit de propriété, même dans les cas où il s'agit d'un litige entre des personnes physiques ou morales* »). D'après la Cour, cela implique notamment pour l'État l'obligation de prévoir une procédure judiciaire entourée des garanties nécessaires et permettant ainsi aux tribunaux nationaux de trancher efficacement et équitablement tout litige éventuel entre particuliers.

Enfin, en droit français, le droit de propriété bénéficie aussi bien aux personnes privées qu'aux personnes publiques (*décision n° 86-207 DC du 26 juin 1986, loi autorisant le gouvernement à prendre diverses mesures d'ordre économique et social ; décision n° 2010-67/86 QPC du 17 décembre 2010, Région Centre et région Poitou-Charentes [AFPA – Transfert de biens publics]*). Dans cette dernière décision, le Conseil constitutionnel estime ainsi que le droit de propriété publique fait obstacle à ce que des biens faisant partie du patrimoine de personnes publiques puissent être aliénés ou durablement grevés de droits au profit de personnes poursuivant des fins d'intérêt privé sans contrepartie appropriée eu égard à la valeur réelle de ce patrimoine. L'État ne peut donc pas procéder au transfert de certains de ses biens à une association de droit privé, à titre gratuit et sans aucune condition ou obligation particulière, garantissant notamment que ces biens demeureront affectés aux missions de service public qui restent dévolues à cette association.

■ *La réglementation de l'usage des biens*

L'alinéa 2 de l'article 1er du protocole additionnel n° 1 indique que le premier alinéa ne s'oppose pas à ce que les États encadrent l'usage de la propriété : « *Les dispositions précédentes ne portent pas atteinte au droit que possèdent les États de mettre en vigueur les lois qu'ils jugent nécessaires pour réglementer l'usage des biens conformément à l'intérêt général ou pour assurer le paiement des impôts ou d'autres contributions ou des amendes* ».

La réglementation de l'usage de biens consiste à limiter ou contrôler cet usage, sans entraîner un dessaisissement du propriétaire du bien.

La réglementation de l'usage des biens peut être considérée comme une atteinte à la propriété. Par exemple, la loi Verdeille de 1964 en France oblige les propriétaires à appartenir à une association de chasseurs et les contraint à accepter la pratique de la chasse sur leurs terrains nonobstant leur opposition à ce sport. La Cour estime que ce système de l'apport forcé aboutit à placer les requérants dans une situation qui rompt « *le juste équilibre devant régner entre la sauvegarde du droit de propriété et les exigences de l'intérêt général : obliger les petits propriétaires à faire apport de leur droit de chasse sur leurs terrains pour que des tiers en fassent un usage totalement contraire à leurs convictions se révèle une charge démesurée qui ne se justifie pas sous l'angle du second alinéa de l'article 1er du protocole n° 1* » (*CEDH, 29 avril 1999, Chassagnou c/France*).

Toutefois, une finalité d'intérêt général peut justifier l'atteinte au droit de propriété causée par la réglementation de l'usage du bien, cette finalité étant contrôlée par la Cour européenne, sous la forme d'un contrôle de proportionnalité ou de juste équilibre entre l'atteinte à la propriété et l'intérêt général. Ainsi, la Cour doit rechercher si « *un juste équilibre a été maintenu entre les exigences de l'intérêt général de la communauté et les impératifs de la sauvegarde des droits fondamentaux de l'individu* » (*CEDH, 23 septembre 1982, Sporrong et Lönnroth c/Suède*). Par exemple, les réductions de loyer imposées par la loi sont compatibles avec le droit européen car elles ont pour but de faciliter l'accès des logements aux personnes modestes et de réduire les écarts excessifs de loyers (*CEDH, 19 décembre 1989, Mellacher et autres c/Autriche*). De même, l'invalidation d'un certificat d'urbanisme qui rend des terrains inconstructibles était le seul moyen d'appliquer la législation en matière d'aménagement du territoire. Même si les requérants ne peuvent plus réaliser leur entreprise commerciale, et ne sont pas indemnisés, cette invalidation poursuit un but légitime d'intérêt général (*CEDH, 29 novembre 1991, Pine Valley Developments et autres c/Irlande*).

Enfin, l'alinéa 2 de l'article 1er du protocole n° 1 réserve le droit pour les États d'assurer le paiement des impôts. Cependant, la politique fiscale nationale n'est pas exempte de tout contrôle. La Cour européenne des droits de l'homme considère en effet que l'imposition fiscale est « *en principe une ingérence dans le droit garanti par le premier alinéa de l'article 1er du protocole n° 1 à la Convention* ». Aussi, même si cette ingérence se justifie conformément au deuxième alinéa de cet article, une telle question n'échappe pas à tout contrôle de la Cour. Celle-ci vérifie ainsi que toute ingérence, y compris celle résultant d'une mesure tendant à assurer le paiement des impôts, ménage un « *juste équilibre* » entre les exigences de l'intérêt général de la communauté, et les impératifs de la protection des droits fondamentaux de l'individu (*CEDH, 31 janvier 2006, Dukmedjian c/France*).

En droit français également, l'usage des biens peut être réglementé. L'article 544 du Code civil dispose certes que la propriété « *est le droit de jouir et disposer des choses de la manière la plus absolue* », mais seulement dans le cadre des lois qui réglementent le droit de propriété.

Le contrôle du Conseil constitutionnel est résumé dans la décision n° 2000-434 DC du 20 juillet 2000, *loi relative à la chasse* : « *Il ne peut être apporté de limitations à l'exercice [du droit de propriété] qu'à la double condition que ces limitations obéissent à des fins d'intérêt général et n'aient pas un caractère de gravité tel que le sens et la portée du droit de propriété s'en trouveraient dénaturés* ».

Le contrôle du Conseil constitutionnel porte donc tout d'abord, comme celui de la Cour européenne, sur la finalité d'intérêt général de la législation encadrant la propriété. Par exemple, dans la décision n° 90-287 DC du 16 janvier 1991, *loi portant dispositions relatives à la santé publique et aux assurances sociales*, le Conseil constitutionnel estime à propos de l'homologation des tarifs des établissements hospitaliers que « *les restrictions qui peuvent en résulter quant aux conditions d'exercice du droit de propriété répondent à un motif d'intérêt général* ».

En second lieu, le Conseil vérifie que la législation n'a pas porté une atteinte telle au droit de propriété que celui-ci en serait « *dénaturé* ». Cette expression semble signifier qu'une atteinte disproportionnée au droit de propriété serait inconstitutionnelle. Par exemple, dans la décision n° 98-403 DC du 28 juillet 1998, *loi d'orientation relative à la lutte contre les exclusions*, la loi prévoyait une obligation de rachat d'un bien à un prix que le propriétaire n'a pas lui-même fixé, afin de répondre à un objectif de solidarité nationale, la lutte contre l'exclusion.

Le Conseil constitutionnel considère que « *de telles limitations apportées à l'exercice du droit de propriété revêtent un caractère de gravité tel que l'atteinte qui en résulte dénature le sens et la portée de ce droit* ». En revanche, le Conseil constitutionnel a estimé que le droit de propriété n'était pas dénaturé par la législation sur les projets de travaux publics (celle-ci ayant pour objet de permettre aux agents de l'administration de pénétrer dans les propriétés privées pour l'exécution d'opérations nécessaires à l'étude des projets de travaux publics, et impliquant également l'occupation temporaire de terrains pour la réalisation de ces opérations : *décision n° 2011-172 QPC du 23 septembre 2011, Époux L. et autres [Accès aux propriétés privées pour l'étude des projets de travaux publics]*), ou par la législation relative à l'inscription au titre des monuments historiques (qui encadre la réalisation de travaux sur de tels bâtiments : *décision n° 2011-207 QPC du 16 décembre 2011, Société Grande Brasserie Patrie Schutzenberger [Inscription au titre des monuments historiques]*).

2 L'encadrement de la privation de propriété

Les privations de propriété consistent en un dessaisissement du propriétaire du bien, la propriété étant ainsi transférée à un autre titulaire. Ces privations ne sont acceptées en droit européen et constitutionnel que si elles sont compensées par une indemnité. Ainsi, en vertu de l'article 17 de la Déclaration des droits de l'homme : « *La propriété étant un droit inviolable et sacré, nul ne peut en être privé, si ce n'est lorsque la nécessité publique, légalement constatée, l'exige évidemment, et sous la condition d'une juste et préalable indemnité* ». De même, alors que le protocole additionnel n° 1 n'inclut pas explicitement le droit à réparation en cas de privation de propriété, la Cour européenne décide qu'une « *obligation d'indemniser découle implicitement de l'article 1 du protocole n° 1* » (*CEDH, 8 juillet 1986, Lithgow c/Royaume-Uni*).

Deux types de privation de propriété font l'objet des jurisprudences européenne et constitutionnelle : l'expropriation et la nationalisation. Dans les deux cas, l'indemnisation est soumise à un strict contrôle juridictionnel.

■ La notion de privation de propriété

a) L'expropriation

La privation de propriété peut résulter d'une expropriation formelle, c'est-à-dire d'une cession obligatoire de la propriété. Seule une finalité d'intérêt général peut justifier une telle privation. Ainsi, la Cour européenne vérifie conformément à l'article 1er du protocole n° 1 que l'expropriation poursuit une cause d'utilité publique. Par exemple, la législation britannique qui permet aux locataires de racheter leur logement, dépossédant ainsi le propriétaire, répond bien d'après la Cour à un objectif d'utilité publique (*CEDH, 21 février 1986, James et autres c/Royaume-Uni*).

Mais la Cour interprète également la notion d'expropriation de manière large. Dans l'affaire *Sporrong et Lönnroth c/Suède* jugée le 23 septembre 1982, la Cour européenne inclut dans la notion de privation de propriété non seulement l'expropriation formelle, mais aussi les expropriations de fait. Par exemple, dans le cas d'une occupation de terrains par la Marine nationale, la Cour juge que « *la perte de toute disponibilité des terrains en cause, combinée avec l'échec des tentatives menées jusqu'ici pour remédier à la situation incriminée, a engendré des conséquences assez graves pour que les intéressés aient subi une expropriation de fait incompatible avec leur droit au respect de leurs biens* » (*CEDH, 24 juin 1993, Papamichalopoulos et autres c/Grèce*).

De même, en droit français, « *la loi ne peut autoriser l'expropriation d'immeubles ou de droits réels immobiliers que pour la réalisation d'une opération dont l'utilité publique est légalement constatée ; [...] en cas de désaccord sur la fixation du montant de l'indemnisation, l'exproprié doit disposer d'une voie de recours appropriée* ». Ainsi, l'expropriation fait l'objet d'un contrôle du juge judiciaire, en vertu de l'article 66 de la Constitution (*décision n° 89-256 DC du 25 juillet 1989, loi portant dispositions diverses en matière d'urbanisme et d'agglomérations nouvelles ; décision n° 2012-247 QPC du 16 mai 2012, Consorts L. [Ordonnance d'expropriation pour cause d'utilité publique]*).

b) La nationalisation

Comme l'expropriation, la nationalisation n'est permise qu'à certaines conditions.

Ainsi, même si la Cour européenne reconnaît à l'État une marge d'appréciation s'agissant de la décision de nationaliser, celle-ci contrôle les modalités de la nationalisation et leur compatibilité avec l'article 1er du protocole n° 1 (arrêt *Lithgow* précité : « *La décision d'adopter une loi de nationalisation implique souvent l'examen de diverses questions sur lesquelles de profondes divergences peuvent raisonnablement régner dans une société démocratique. Grâce à une connaissance directe de leur pays, de ses besoins et de ses ressources, les autorités nationales se trouvent en principe mieux placées que le juge international pour déterminer les mesures appropriées en la matière, de sorte qu'elles doivent disposer ici d'une ample latitude. Aux yeux de la Cour, il serait artificiel à cet égard d'isoler de la décision même de nationaliser celle qui porte sur les conditions de dédommagement, car les facteurs ayant conduit à la première pèsent aussi forcément sur la seconde. Partant, le rôle de la Cour se limite en l'espèce à rechercher si, en arrêtant les modalités d'indemnisation, le Royaume-Uni a excédé son large pouvoir d'appréciation ; elle respectera le jugement du législateur en ce domaine, sauf s'il se révèle manifestement dépourvu de base raisonnable* »).

En France, l'alinéa 9 du Préambule de la Constitution de 1946 dispose : « *Tout bien, toute entreprise dont l'exploitation a ou acquiert les caractères d'un service public national ou d'un monopole de fait doit devenir la propriété de la collectivité* ». Il s'agit d'une opération de nationalisation, définie par le Conseil constitutionnel comme « *le transfert de propriété d'une entreprise [résultant] d'une décision de la puissance publique à laquelle le ou les propriétaires sont obligés de se plier* » (*décision n° 83-167 DC du 19 janvier 1984, loi relative à l'activité et au contrôle des établissements de crédit*). Dans cette décision par exemple, la prise de participations dans le capital d'entreprises ne saurait, en raison du caractère contractuel de l'opération, constituer une nationalisation.

Dans la décision n° 81-132 DC du 16 janvier 1982, *loi de nationalisation*, le Conseil constitutionnel s'est prononcé sur les conditions d'une nationalisation constitutionnellement conforme. Le Conseil constitutionnel évoque tout d'abord pour la première fois la valeur constitutionnelle du droit de propriété de manière très solennelle : « *Si postérieurement à 1789 et jusqu'à nos jours, les finalités et les conditions d'exercice du droit de propriété ont subi une évolution caractérisée à la fois par une notable extension de son champ d'application à des domaines individuels nouveaux et par des limitations exigées par l'intérêt général, les principes mêmes énoncés par la Déclaration des droits de l'homme ont pleine valeur constitutionnelle tant en ce qui concerne le caractère fondamental du droit de propriété dont la conservation constitue l'un des buts de la société politique et qui est mis au même rang que la liberté, la sûreté et la résistance à l'oppression, qu'en ce qui concerne les garanties données aux titulaires de ce droit et les prérogatives de la puissance publique* ».

Le Conseil constitutionnel reconnaît ensuite la finalité d'intérêt général de la procédure de nationalisation : « *Il ressort des travaux préparatoires de la loi soumise à l'examen du Conseil constitutionnel que le législateur a entendu fonder les nationalisations opérées par ladite loi sur le fait que ces nationalisations seraient nécessaires pour donner aux pouvoirs publics les moyens de faire face à la crise économique, de promouvoir la croissance et de combattre le chômage et procéderaient donc de la nécessité publique au sens de l'article 17 de la Déclaration de 1789* ».

■ *L'indemnisation*

L'appréciation de l'indemnisation est sans doute l'aspect le plus délicat du contrôle du juge. Les jurisprudences constitutionnelle et européenne divergent d'ailleurs à ce sujet.

En effet, pour le juge européen, l'indemnisation ne signifie pas une compensation intégrale : la Cour européenne des droits de l'homme estime notamment que « *sans le versement d'une somme raisonnablement en rapport avec la valeur du bien, une privation de propriété constituerait normalement une atteinte excessive qui ne saurait se justifier sur le terrain de l'article 1 [du protocole n° 1]. Ce dernier ne garantit pourtant pas dans tous les cas le droit à une compensation intégrale car des objectifs légitimes « d'utilité publique », tels qu'en poursuivent des mesures de réforme économique ou de justice sociale, peuvent militer pour un remboursement inférieur à la pleine valeur marchande* » (arrêt *Lithgow c/ Royaume-Uni* précité).

En revanche pour le Conseil constitutionnel, « *la prise de possession par l'expropriant doit être subordonnée au versement préalable d'une indemnité ; [...] pour être juste, l'indemnisation doit couvrir l'intégralité du préjudice direct, matériel et certain, causé par l'expropriation* » (*décision n° 89-256 DC, précitée ; décision n° 2012-226 QPC du 6 avril 2012, Consorts T. [Conditions de prise de possession d'un bien ayant fait l'objet d'une expropriation pour cause d'utilité publique]*). Par exemple, le mécanisme d'indemnisation n'est pas conforme à l'article 17 de la Déclaration des droits de l'homme, lorsque pour calculer la valeur de l'entreprise nationalisée, il ne prend pas en considération les comptes consolidés, c'est-à-dire la valeur des filiales de l'entreprise (*décision n° 81-132 DC, précitée*). Cette question n'est pas accessoire : l'inconstitutionnalité des dispositions relatives à l'indemnisation implique, pour le Conseil, celle de l'ensemble de la loi, car elles en sont inséparables. En revanche, la réparation intégrale du préjudice ne va pas jusqu'à la réparation d'une douleur morale engendrée par la perte de propriété (*décision n° 2010-87 QPC du 21 janvier 2011, M. Jacques S. [Réparation du préjudice résultant de l'expropriation]*).

Pour le juge européen enfin, l'indemnisation doit intervenir dans un délai raisonnable. La Cour européenne juge ainsi qu'« *un retard anormalement long dans le paiement d'une indemnité dans le domaine de l'expropriation a pour conséquence d'aggraver la perte financière de la personne expropriée et de la placer dans une situation d'incertitude, surtout si l'on tient compte de la dépréciation monétaire de certains États. [Aussi], en différant de dix-sept mois le paiement de l'indemnité litigieuse, les autorités nationales ont altéré le caractère adéquat de celle-ci et, par conséquent, rompu l'équilibre devant régner entre la sauvegarde du droit de propriété et les exigences de l'intérêt général* » (*CEDH, 9 juillet 1997, Akkus c/ Turquie*).

BIBLIOGRAPHIE

- Andriantsimbazovina (J.), Gaudin (H.), Marguénaud (J.-P.), Rials (S.), Sudre (F.), *Dictionnaire des droits de l'homme*, PUF, 2008.
- Berger (V.), *Jurisprudence de la Cour européenne des droits de l'homme,* Sirey, 13e éd., 2014.
- Bioy (X.), *Droits fondamentaux et libertés publiques*, LGDJ, 2016.
- Delmas-Marty (M.), Lucas de Leyssac (Cl.) (dir.), *Libertés et droits fondamentaux,* Seuil, 2e éd., 2002.
- Favoreu (L.), Gaïa (P.), Ghevontian (R.), Mélin-Soucramanien (F)., Pfersmann (O.), Pini (J.), Roux (A.), Scoffoni (G.), Trémeau (J.), *Droit des libertés fondamentales,* Dalloz, 7e éd., 2015.
- Lebreton (G.), *Libertés publiques et droits de l'homme*, Dalloz, 8e éd., 2008.
- Oberdorff (H.), *Droits de l'homme et libertés fondamentales*, LGDJ, 5e éd., 2015.
- Prèlot (P.-H.), *Droit des libertés fondamentales,* Hachette, 2e éd., 2010.
- Robert (J.), Duffar (J.), *Libertés publiques et droits de l'homme,* LGDJ, 2016.
- Sudre (F.), *Droit international et européen des droits de l'homme,* PUF, 13e éd., 2016.
- Sudre (F.) (dir.), *Les grands arrêts de la Cour européenne des droits de l'homme*, PUF, 7e éd., 2015.
- Wachsmann (P.), *Les droits de l'homme,* Dalloz, 7e éd., 2013.

Achevé d'imprimer par France Quercy, 46090 Mercuès
N° d'impression : 70462 - Dépôt légal : juillet 2017

Imprimé en France